Die Verwandlung

La Metamorfosis

[Bilingual Edition]

German – Spanish

by Franz Kafka

Translated by Möwenstein

Contents

Kapitel 1

Capítulo 1

1.1 **Als Gregor Samsa eines Morgens aus unruhigen Träumen erwachte,**
Cuando Gregor Samsa despertó una mañana de sueños inquietos,

1.2 **fand er sich in seinem Bett zu einem ungeheueren Ungeziefer verwandelt.**
se encontró en su cama convertido en una monstruosa alimaña.

1.3 **Er lag auf seinem panzerartig harten Rücken und sah, wenn er den Kopf ein wenig hob, seinen gewölbten, braunen, von bogenförmigen Versteifungen geteilten Bauch, auf dessen Höhe sich die Bettdecke, zum gänzlichen Niedergleiten bereit, kaum noch erhalten konnte.**
Estaba tumbado sobre su dura espalda en forma de armadura y, cuando levantó un poco la cabeza, vio su abultado vientre moreno, dividido por arqueadas agujetas, a cuya altura el edredón, a punto de deslizarse por completo, apenas podía sostenerse.

Seine vielen, im Vergleich zu seinem sonstigen   1.4
Umfang kläglich dünnen Beine flimmerten ihm
hilflos vor den Augen.

Sus numerosas piernas, lastimosamente delgadas en
comparación con su circunferencia habitual, parpadeaban
impotentes ante sus ojos.

»Was ist mit mir geschehen? «, dachte er. Es war kein   2.1
Traum.

"¿Qué me ha pasado? ", pensó. No era un sueño.

Sein Zimmer, ein richtiges, nur etwas zu kleines   2.2
Menschenzimmer, lag ruhig zwischen den vier
wohlbekannten Wänden.

Su habitación, una verdadera habitación humana, sólo que
un poco pequeña, yacía silenciosa entre las cuatro paredes
familiares.

Über dem Tisch, auf dem eine auseinandergepackte   2.3
Musterkollektion von Tuchwaren ausgebreitet
war – Samsa war Reisender – hing das Bild, das
er vor kurzem aus einer illustrierten Zeitschrift
ausgeschnitten und in einem hübschen, vergoldeten
Rahmen untergebracht hatte.

Encima de la mesa, sobre la que se extendía una
desempacada colección de muestras de telas - Samsa era
un viajero-, colgaba el cuadro que recientemente había
recortado de una revista ilustrada y colocado en un bonito
marco dorado.

2.4 Es stellte eine Dame dar, die mit einem Pelzhut und einer Pelzboa versehen, aufrecht dasaß und einen schweren Pelzmuff, in dem ihr ganzer Unterarm verschwunden war, dem Beschauer entgegenhob.

Representaba a una dama con un sombrero de piel y una boa de piel, sentada erguida y sosteniendo hacia el espectador un pesado manguito de piel en el que había desaparecido todo el antebrazo.

3.1 Gregors Blick richtete sich dann zum Fenster,

La mirada de Gregor se desvió entonces hacia la ventana,

3.2 und das trübe Wetter –

y el tiempo nublado –

3.3 man hörte Regentropfen auf das Fensterblech aufschlagen –

se oían las gotas de lluvia golpeando el revestimiento de la ventana –

3.4 machte ihn ganz melancholisch.

lo puso bastante melancólico.

3.5 »Wie wäre es, wenn ich noch ein wenig weiterschliefe und alle Narrheiten vergäße«, dachte er, aber das war gänzlich undurchführbar, denn er war gewöhnt, auf der rechten Seite zu schlafen, konnte sich aber in seinem gegenwärtigen Zustand nicht in diese Lage bringen.

"Cómo sería si durmiera un poco más y olvidara toda mi locura", pensó, pero eso era bastante impracticable, pues estaba acostumbrado a dormir sobre su lado derecho, pero en su estado actual no podía ponerse en esa posición.

3.6 Mit welcher Kraft er sich auch auf die rechte Seite warf,

Por más que se echaba sobre el lado derecho,

3

immer wieder schaukelte er in die Rückenlage zurück.   3.7

volvía a balancearse sobre la espalda.

Er versuchte es wohl hundertmal, schloß die Augen, um die zappelnden Beine nicht sehen zu müssen, und ließ erst ab, als er in der Seite einen noch nie gefühlten, leichten, dumpfen Schmerz zu fühlen begann.   3.8

Debió de intentarlo cientos de veces, cerrando los ojos para no ver cómo se le retorcían las piernas, y sólo aflojó cuando empezó a sentir un ligero y sordo dolor en el costado que nunca antes había sentido.

»Ach Gott«, dachte er, »was für einen anstrengenden Beruf habe ich gewählt! Tag aus, Tag ein auf der Reise.   4.1

"¡Dios mío!" pensó, "¡qué trabajo tan agotador he elegido! Viajar día tras día.

Die geschäftlichen Aufregungen sind viel größer, als im eigentlichen Geschäft zu Hause, und außerdem ist mir noch diese Plage des Reisens auferlegt, die Sorgen um die Zuganschlüsse, das unregelmäßige, schlechte Essen, ein immer wechselnder, nie andauernder, nie herzlich werdender menschlicher Verkehr.   4.2

La excitación del negocio es mucho mayor que en el negocio real en casa, y encima tengo esta peste de viajar, las preocupaciones por las conexiones de tren, la comida irregular y mala, un contacto humano siempre cambiante, nunca duradero, nunca cordial.

Der Teufel soll das alles holen!«   4.3

Que el diablo se lo lleve todo!"

4

4.4 **Er fühlte ein leichtes Jucken oben auf dem Bauch;**
Sintió un ligero picor en la parte superior del estómago;

4.5 **schob sich auf dem Rücken langsam näher zum Bettpfosten, um den Kopf besser heben zu können;**
se acercó lentamente a la pata de la cama, de espaldas, para poder levantar mejor la cabeza;

4.6 **fand die juckende Stelle, die mit lauter kleinen weißen Pünktchen besetzt war, die er nicht zu beurteilen verstand;**
encontró el lugar del picor, que estaba cubierto de montones de puntitos blancos que no sabía cómo juzgar;

4.7 **und wollte mit einem Bein die Stelle betasten, zog es aber gleich zurück, denn bei der Berührung umwehten ihn Kälteschauer.**
y quiso tocar el lugar con una pierna, pero la retiró inmediatamente, porque al tocarlo le recorrieron escalofríos de frío.

5.1 **Er glitt wieder in seine frühere Lage zurück.**
Volvió a su posición anterior.

5.2 **»Dies frühzeitige Aufstehen«, dachte er,**
"Este levantarse temprano", pensó,

5.3 **»macht einen ganz blödsinnig.**
"lo vuelve a uno bastante estúpido.

5.4 **Der Mensch muß seinen Schlaf haben.**
Un hombre debe dormir.

5.5 **Andere Reisende leben wie Haremsfrauen.**
Otros viajeros viven como mujeres de harén.

Wenn ich zum Beispiel im Laufe des Vormittags ins Gasthaus zurückgehe, um die erlangten Aufträge zu überschreiben, sitzen diese Herren erst beim Frühstück. 5.6

Por ejemplo, cuando vuelvo a la posada por la mañana para firmar los encargos que he recibido, estos señores sólo se sientan a desayunar.

Das sollte ich bei meinem Chef versuchen; 5.7

Debería intentarlo con mi jefe;

ich würde auf der Stelle hinausfliegen. Wer weiß übrigens, 5.8

me echarían en el acto. Por cierto,

ob das nicht sehr gut für mich wäre. 5.9

quién sabe si eso no sería muy bueno para mí.

Wenn ich mich nicht wegen meiner Eltern zurückhielte, ich hätte längst gekündigt, ich wäre vor den Chef hin getreten und hätte ihm meine Meinung von Grund des Herzens aus gesagt. 5.10

Si no me hubiera contenido por mis padres, habría dimitido hace tiempo, me habría plantado delante del jefe y le habría dicho lo que pensaba desde el fondo de mi corazón.

Vom Pult hätte er fallen müssen! 5.11

Se habría caído de la mesa!

Es ist auch eine sonderbare Art, sich auf das Pult zu setzen und von der Höhe herab mit dem Angestellten zu reden, der überdies wegen der Schwerhörigkeit des Chefs ganz nahe herantreten muß. 5.12

También es una forma extraña de sentarse en el escritorio y hablar con el empleado desde una altura, que además tiene que acercarse mucho porque el jefe es duro de oído.

5.13 Nun, die Hoffnung ist noch nicht gänzlich aufgegeben;

Bueno, no he perdido la esperanza del todo;

5.14 habe ich einmal das Geld beisammen, um die Schuld der Eltern an ihn abzuzahlen – es dürfte noch fünf bis sechs Jahre dauern – , mache ich die Sache unbedingt.

en cuanto reúna el dinero para saldar la deuda que tienen sus padres con él - me llevará otros cinco o seis años-, lo haré sin duda.

5.15 Dann wird der große Schnitt gemacht.

Entonces se hará el gran recorte.

5.16 Vorläufig allerdings muß ich aufstehen, denn mein Zug fährt um fünf.«

Por ahora, sin embargo, tengo que levantarme porque mi tren sale a las cinco."

6.1 Und er sah zur Weckuhr hinüber, die auf dem Kasten tickte.

Y miró el despertador que sonaba en la caja.

6.2 »Himmlischer Vater! «, dachte er.

"¡Padre celestial! ", pensó.

6.3 Es war halb sieben Uhr, und die Zeiger gingen ruhig vorwärts, es war sogar halb vorüber, es näherte sich schon dreiviertel.

Eran las seis y media y las manecillas hacían tictac tranquilamente, incluso eran las y media, ya se acercaban a las tres y cuarto.

6.4 Sollte der Wecker nicht geläutet haben?

¿No debería haber sonado el despertador?

Man sah vom Bett aus, daß er auf vier Uhr richtig eingestellt war; 6.5
Desde la cama se veía que estaba correctamente puesto a las cuatro;

gewiß hatte er auch geläutet. 6.6
sin duda había sonado.

Ja, aber war es möglich, dieses möbelerschütternde Läuten ruhig zu verschlafen? 6.7
Sí, pero ¿era posible dormir tranquilamente mientras sonaba el despertador?

Nun, ruhig hatte er ja nicht geschlafen, aber wahrscheinlich desto fester. 6.8
Bueno, no había dormido profundamente, pero probablemente sí más profundamente.

Was aber sollte er jetzt tun? 6.9
Pero, ¿qué debía hacer ahora?

Der nächste Zug ging um sieben Uhr; 6.10
El próximo tren salía a las siete;

um den einzuholen, hätte er sich unsinnig beeilen müssen, und die Kollektion war noch nicht eingepackt, und er selbst fühlte sich durchaus nicht besonders frisch und beweglich. 6.11
habría tenido que darse prisa sin sentido para cogerlo, y la colección aún no estaba hecha, y él mismo no se sentía especialmente fresco ni móvil.

6.12 Und selbst wenn er den Zug einholte, ein Donnerwetter des Chefs war nicht zu vermeiden, denn der Geschäftsdiener hatte beim Fünfuhrzug gewartet und die Meldung von seiner Versäumnis längst erstattet.

E incluso si alcanzaba el tren, no podría evitar el trueno del jefe, porque el ayuda de cámara había estado esperando en el tren de las cinco y hacía tiempo que había informado de su retraso.

6.13 Es war eine Kreatur des Chefs, ohne Rückgrat und Verstand.

Era una criatura del jefe, sin espina dorsal ni sentido común.

6.14 Wie nun, wenn er sich krank meldete?

¿Qué pasaría si avisara de que estaba enfermo?

6.15 Das wäre aber äußerst peinlich und verdächtig,

Sería muy embarazoso y sospechoso,

6.16 denn Gregor war während seines fünfjährigen Dienstes noch nicht einmal krank gewesen.

porque Gregor nunca había estado enfermo en sus cinco años de servicio.

6.17 Gewiß würde der Chef mit dem Krankenkassenarzt kommen, würde den Eltern wegen des faulen Sohnes Vorwürfe machen und alle Einwände durch den Hinweis auf den Krankenkassenarzt abschneiden, für den es ja überhaupt nur ganz gesunde, aber arbeitsscheue Menschen gibt.

El jefe vendría sin duda con el médico de la mutua, reprocharía a los padres la pereza de su hijo y cortaría toda objeción remitiéndose al médico de la mutua, para el que sólo hay gente muy sana pero tímida para el trabajo.

Und hätte er übrigens in diesem Falle so ganz unrecht? 6.18
¿Y estaría completamente equivocado en este caso?

Gregor fühlte sich tatsächlich, abgesehen von einer nach dem langen Schlaf wirklich überflüssigen Schläfrigkeit, ganz wohl und hatte sogar einen besonders kräftigen Hunger. 6.19
En realidad, Gregor se sentía bastante bien, aparte de una somnolencia realmente innecesaria tras su largo sueño, e incluso tenía especial hambre.

Kapitel 2

Capítulo 2

1.1 **Als er dies alles in größter Eile überlegte, ohne sich entschließen zu können, das Bett zu verlassen – gerade schlug der Wecker dreiviertel sieben – klopfte es vorsichtig an die Tür am Kopfende seines Bettes.**
Mientras pensaba todo esto apresuradamente, incapaz de decidirse a levantarse de la cama - el despertador acababa de dar las siete menos tres-, llamaron suavemente a la puerta de la cabecera.

2.1 **»Gregor«, rief es – es war die Mutter –,**
"Gregor", le llamó - era su madre-,

2.2 **»es ist dreiviertel sieben. Wolltest du nicht wegfahren?«**
"son las siete menos tres. ¿No ibas a irte?"

2.3 **Die sanfte Stimme!**
¡La suave voz!

Gregor erschrak, als er seine antwortende Stimme 2.4
hörte, die wohl unverkennbar seine frühere war,
in die sich aber, wie von unten her, ein nicht zu
unterdrückendes, schmerzliches Piepsen mischte,
das die Worte förmlich nur im ersten Augenblick
in ihrer Deutlichkeit beließ, um sie im Nachklang
derart zu zerstören, daß man nicht wußte, ob man
recht gehört hatte.

Gregor se sobresaltó al oír la voz que le respondía, que era
inconfundiblemente su voz de antes, pero que, como si
viniera de abajo, se mezclaba con un chirrido insoportable,
doloroso, que dejaba literalmente las palabras en su
claridad durante el primer momento para destruirlas
después, de modo que uno no sabía si había oído bien.

Gregor hatte ausführlich antworten und alles 2.5
erklären wollen, beschränkte sich aber bei diesen
Umständen darauf, zu sagen:

Gregor había querido contestar largamente y explicarlo
todo, pero en aquellas circunstancias se limitó a decir:

»Ja, ja, danke Mutter, ich stehe schon auf.« 2.6

"Sí, sí, gracias, madre, me levantaré."

Infolge der Holztür war die Veränderung in Gregors 2.7
Stimme draußen wohl nicht zu merken, denn die
Mutter beruhigte sich mit dieser Erklärung und
schlürfte davon.

Debido a la puerta de madera, el cambio en la voz de Gregor
probablemente no se notó fuera, ya que su madre se calmó
con esta explicación y se escabulló.

2.8 Aber durch das kleine Gespräch waren die anderen Familienmitglieder darauf aufmerksam geworden, daß Gregor wider Erwarten noch zu Hause war, und schon klopfte an der einen Seitentür der Vater, schwach, aber mit der Faust.

Pero la pequeña conversación había alertado a los demás miembros de la familia de que Gregor seguía en casa, en contra de lo esperado, y su padre ya estaba llamando a la puerta de un lado, débilmente pero con el puño.

2.9 »Gregor, Gregor«, rief er, »was ist denn?«

"Gregor, Gregor", llamó, "¿qué pasa?"

2.10 Und nach einer kleinen Weile mahnte er nochmals mit tieferer Stimme:

Y al cabo de un rato, volvió a llamar en voz más baja:

2.11 »Gregor! Gregor!«

"¡Gregor! Gregor!"

2.12 An der anderen Seitentür aber klagte leise die Schwester:

En la otra puerta lateral, sin embargo, la hermana se quejó en voz baja:

2.13 »Gregor? Ist dir nicht wohl? Brauchst du etwas?«

"¿Gregor? ¿No te encuentras bien? ¿Necesitas algo?"

2.14 Nach beiden Seiten hin antwortete Gregor:

Gregor contestó a ambos lados:

»Bin schon fertig«, und bemühte sich, durch die sorgfältigste Aussprache und durch Einschaltung von langen Pausen zwischen den einzelnen Worten seiner Stimme alles Auffallende zu nehmen. 2.15

"Ya he terminado", y se esforzó por quitarle todo lo llamativo a su voz pronunciándola con cuidado e intercalando largas pausas entre cada una de las palabras.

Der Vater kehrte auch zu seinem Frühstück zurück, 2.16

Su padre también volvió a su desayuno,

die Schwester aber flüsterte: 2.17

pero su hermana susurró:

»Gregor, mach auf, ich beschwöre dich.« 2.18

"Gregor, abre, te lo imploro."

Gregor aber dachte gar nicht daran aufzumachen, sondern lobte die vom Reisen her übernommene Vorsicht, auch zu Hause alle Türen während der Nacht zu versperren. 2.19

Gregor, sin embargo, ni siquiera pensó en abrir la puerta, sino que alabó la precaución que había aprendido en los viajes de cerrar con llave todas las puertas de casa durante la noche.

Zunächst wollte er ruhig und ungestört aufstehen, sich anziehen und vor allem frühstücken, und dann erst das Weitere überlegen, denn, das merkte er wohl, im Bett würde er mit dem Nachdenken zu keinem vernünftigen Ende kommen. 3.1

En primer lugar, quería levantarse tranquilamente y sin ser molestado, vestirse y, sobre todo, desayunar, y sólo entonces pensar qué hacer a continuación, porque, como comprendía, no podría llegar a una conclusión sensata en la cama.

14

3.2 Er erinnerte sich, schon öfters im Bett irgendeinen vielleicht durch ungeschicktes Liegen erzeugten, leichten Schmerz empfunden zu haben, der sich dann beim Aufstehen als reine Einbildung herausstellte, und er war gespannt, wie sich seine heutigen Vorstellungen allmählich auflösen würden.

Recordaba que a menudo había sentido un ligero dolor en la cama, quizá causado por estar tumbado torpemente, que resultaba ser pura imaginación cuando se levantaba, y tenía curiosidad por ver cómo se disolvían poco a poco sus ideas actuales.

3.3 Daß die Veränderung der Stimme nichts anderes war, als der Vorbote einer tüchtigen Verkühlung, einer Berufskrankheit der Reisenden, daran zweifelte er nicht im geringsten.

No le cabía la menor duda de que el cambio en su voz no era más que el presagio de un fuerte resfriado, una enfermedad profesional de los viajeros.

4.1 Die Decke abzuwerfen war ganz einfach;

Fue muy fácil deshacerse de la manta;

4.2 er brauchte sich nur ein wenig aufzublasen und sie fiel von selbst.

sólo necesitó hincharse un poco y se cayó sola.

4.3 Aber weiterhin wurde es schwierig,

Pero seguía siendo difícil,

4.4 besonders weil er so ungemein breit war.

sobre todo porque era increíblemente ancho.

15

Er hätte Arme und Hände gebraucht, um sich aufzurichten; statt dessen aber hatte er nur die vielen Beinchen, die ununterbrochen in der verschiedensten Bewegung waren und die er überdies nicht beherrschen konnte. 4.5

Habría necesitado brazos y manos para levantarse, pero en lugar de eso sólo tenía sus numerosas piernecitas, que estaban en constante movimiento y que no podía controlar.

Wollte er eines einmal einknicken, so war es das erste, daß es sich streckte; 4.6

Si quería doblar una de ellas, era la primera en estirarse;

und gelang es ihm endlich, mit diesem Bein das auszuführen, was er wollte, so arbeiteten inzwischen alle anderen, wie freigelassen, in höchster, schmerzlicher Aufregung. 4.7

y si por fin lograba hacer lo que quería con esa pierna, todas las demás, como liberadas, trabajaban ahora en la mayor y más dolorosa agitación.

»Nur sich nicht im Bett unnütz aufhalten«, 4.8

"No te quedes en la cama inútilmente",

sagte sich Gregor. 4.9

se dijo Gregor.

Zuerst wollte er mit dem unteren Teil seines Körpers aus dem Bett hinauskommen, aber dieser untere Teil, den er übrigens noch nicht gesehen hatte und von dem er sich auch keine rechte Vorstellung machen konnte, erwies sich als zu schwer beweglich; 5.1

Al principio quiso levantarse de la cama con la parte inferior de su cuerpo, pero esta parte inferior, que aún no había visto y de la que no tenía la menor idea, resultó ser demasiado difícil de mover;

16

5.2 **es ging so langsam;**
iba muy despacio;

5.3 **und als er schließlich, fast wild geworden, mit gesammelter Kraft, ohne Rücksicht sich vorwärtsstieß, hatte er die Richtung falsch gewählt, schlug an den unteren Bettpfosten heftig an, und der brennende Schmerz, den er empfand, belehrte ihn, daß gerade der untere Teil seines Körpers augenblicklich vielleicht der empfindlichste war.**
y cuando por fin, habiéndose vuelto casi salvaje, se impulsó hacia adelante con todas sus fuerzas, sin ninguna consideración, había elegido la dirección equivocada, golpeó violentamente el poste inferior de la cama, y el ardiente dolor que sintió le enseñó que la parte inferior de su cuerpo era quizá la más sensible en aquel momento.

6.1 **Er versuchte es daher, zuerst den Oberkörper aus dem Bett zu bekommen, und drehte vorsichtig den Kopf dem Bettrand zu.**
Por lo tanto, intentó sacar primero la parte superior de su cuerpo de la cama y giró con cuidado la cabeza hacia el borde de la cama.

6.2 **Dies gelang auch leicht, und trotz ihrer Breite und Schwere folgte schließlich die Körpermasse langsam der Wendung des Kopfes.**
Lo consiguió con facilidad y, a pesar de su anchura y peso, su cuerpo siguió lentamente el giro de su cabeza.

Aber als er den Kopf endlich außerhalb des Bettes in 6.3
der freien Luft hielt, bekam er Angst, weiter auf diese
Weise vorzurücken, denn wenn er sich schließlich so
fallen ließ, mußte geradezu ein Wunder geschehen,
wenn der Kopf nicht verletzt werden sollte.

Pero cuando por fin mantuvo la cabeza fuera de la cama,
al aire libre, tuvo miedo de avanzar de ese modo, porque
si finalmente se dejaba caer así, tendría que ocurrir un
milagro para que su cabeza no se lesionara.

Und die Besinnung durfte er gerade jetzt um keinen 6.4
Preis verlieren;

Y ahora mismo no podía perder el sentido a cualquier
precio;

lieber wollte er im Bett bleiben. 6.5

prefería quedarse en la cama.

Aber als er wieder nach gleicher Mühe aufseufzend 7.1
so dalag wie früher, und wieder seine Beinchen
womöglich noch ärger gegeneinander kämpfen sah
und keine Möglichkeit fand, in diese Willkür Ruhe
und Ordnung zu bringen, sagte er sich wieder, daß
er unmöglich im Bett bleiben könne und daß es das
Vernünftigste sei, alles zu opfern, wenn auch nur die
kleinste Hoffnung bestünde, sich dadurch vom Bett
zu befreien.

Pero cuando, después del mismo trabajo, volvió a tenderse
suspirando como antes, y volvió a ver sus piernecitas
luchando entre sí, tal vez aún peor, y no encontró manera
de poner paz y orden en esta arbitrariedad, se dijo de nuevo
que no era posible que permaneciera en la cama, y que
lo más sensato era sacrificarlo todo si había la menor
esperanza de librarse de ella.

18

7.2 Gleichzeitig aber vergaß er nicht, sich zwischendurch daran zu erinnern, daß viel besser als verzweifelte Entschlüsse ruhige und ruhigste Überlegung sei.

Al mismo tiempo, sin embargo, no olvidaba recordarse de vez en cuando que la reflexión tranquila y sosegada era mucho mejor que las resoluciones desesperadas.

7.3 In solchen Augenblicken richtete er die Augen möglichst scharf auf das Fenster, aber leider war aus dem Anblick des Morgennebels, der sogar die andere Seite der engen Straße verhüllte, wenig Zuversicht und Munterkeit zu holen.

En tales momentos fijaba los ojos con la mayor agudeza posible en la ventana, pero, por desgracia, poca confianza y alegría le proporcionaba la visión de la bruma matinal, que envolvía incluso el otro lado de la estrecha calle.

7.4 »Schon sieben Uhr«, sagte er sich beim neuerlichen Schlagen des Weckers,

"Ya son las siete", se dijo cuando el despertador volvió a sonar,

7.5 »schon sieben Uhr und noch immer ein solcher Nebel.«

"ya son las siete y todavía hay tanta niebla."

7.6 Und ein Weilchen lang lag er ruhig mit schwachem Atem, als erwarte er vielleicht von der völligen Stille die Wiederkehr der wirklichen und selbstverständlichen Verhältnisse.

Y durante un rato permaneció tumbado en silencio, respirando débilmente, como si tal vez esperara el retorno de las condiciones reales y naturales del completo silencio.

Kapitel 3

Capítulo 3

1.1 Dann aber sagte er sich:
Pero entonces se dijo:

1.2 »Ehe es einviertel acht schlägt,
"Antes de que den las ocho menos cuarto,

1.3 muß ich unbedingt das Bett vollständig verlassen haben.
tengo que levantarme del todo de la cama.

1.4 Im übrigen wird auch bis dahin jemand aus dem Geschäft kommen, um nach mir zu fragen, denn das Geschäft wird vor sieben Uhr geöffnet.«
Para entonces, alguien habrá salido de la tienda a preguntar por mí, porque la tienda abre antes de las siete."

1.5 Und er machte sich nun daran, den Körper in seiner ganzen Länge vollständig gleichmäßig aus dem Bett hinauszuschaukeln.
Y ahora se dispuso a balancear uniformemente todo su cuerpo fuera de la cama.

Wenn er sich auf diese Weise aus dem Bett fallen ließ, blieb der Kopf, den er beim Fall scharf heben wollte, voraussichtlich unverletzt. 1.6

Si se dejaba caer de la cama de este modo, era probable que la cabeza, que intentaba levantar bruscamente al caer, permaneciera ilesa.

Der Rücken schien hart zu sein; 1.7

Su espalda parecía dura;

dem würde wohl bei dem Fall auf den Teppich nichts geschehen. 1.8

no le pasaría nada si caía sobre la alfombra.

Das größte Bedenken machte ihm die Rücksicht auf den lauten Krach, den es geben müßte und der wahrscheinlich hinter allen Türen wenn nicht Schrecken, so doch Besorgnisse erregen würde. 1.9

Lo que más le preocupaba era el fuerte ruido que haría, que probablemente causaría inquietud, si no miedo, detrás de todas las puertas.

Das mußte aber gewagt werden. 1.10

Pero había que arriesgarse.

Als Gregor schon zur Hälfte aus dem Bette ragte – die neue Methode war mehr ein Spiel als eine Anstrengung, er brauchte immer nur ruckweise zu schaukeln – , fiel ihm ein, wie einfach alles wäre, wenn man ihm zu Hilfe käme. 2.1

Cuando Gregor ya estaba a medio levantarse de la cama - el nuevo método era más un juego que un esfuerzo, sólo necesitaba mecerse espasmódicamente-, se le ocurrió lo fácil que sería todo si alguien acudiera en su ayuda.

Zwei starke Leute – 2.2

Dos personas fuertes –

22

2.3 er dachte an seinen Vater und das Dienstmädchen –

pensó en su padre y en la criada –

2.4 hätten vollständig genügt;

habrían bastado;

2.5 sie hätten ihre Arme nur unter seinen gewölbten Rücken schieben, ihn so aus dem Bett schälen, sich mit der Last niederbeugen und dann bloß vorsichtig dulden müssen, daß er den Überschwung auf dem Fußboden vollzog, wo dann die Beinchen hoffentlich einen Sinn bekommen würden.

sólo habrían tenido que deslizar los brazos por debajo de su espalda arqueada, sacarlo de la cama, agacharse con la carga y luego, con cuidado, dejar que se balanceara en el suelo, donde las piernecitas, con suerte, tendrían sentido.

2.6 Nun, ganz abgesehen davon, daß die Türen versperrt waren, hätte er wirklich um Hilfe rufen sollen?

Aparte de que las puertas estaban cerradas, ¿debería haber pedido ayuda?

2.7 Trotz aller Not konnte er bei diesem Gedanken ein Lächeln nicht unterdrücken.

A pesar de su angustia, no pudo reprimir una sonrisa al pensarlo.

3.1 Schon war er so weit, daß er bei stärkerem Schaukeln kaum das Gleichgewicht noch erhielt, und sehr bald mußte er sich nun endgültig entscheiden, denn es war in fünf Minuten einviertel acht, – als es an der Wohnungstür läutete.

Estaba ya tan ido que apenas podía mantener el equilibrio si se balanceaba demasiado, y muy pronto tuvo que decidirse definitivamente, pues eran las ocho menos cuarto en cinco minutos – cuando sonó el timbre de la puerta.

»Das ist jemand aus dem Geschäft«, sagte er sich und
erstarrte fast, während seine Beinchen nur desto
eiliger tanzten. 3.2

"Es alguien de la tienda", se dijo y casi se quedó
helado, mientras sus piernecitas bailaban aún más
apresuradamente.

Einen Augenblick blieb alles still. 3.3

Todo quedó en silencio por un momento.

»Sie öffnen nicht«, sagte sich Gregor, befangen in
irgendeiner unsinnigen Hoffnung. 3.4

"No abren", se dijo Gregor, presa de una esperanza sin
sentido.

Aber dann ging natürlich wie immer das
Dienstmädchen festen Schrittes zur Tür und öffnete. 3.5

Pero entonces, por supuesto, como siempre, la criada se
dirigió con paso firme hacia la puerta y la abrió.

Gregor brauchte nur das erste Grußwort des
Besuchers zu hören und wußte schon, wer es war –
der Prokurist selbst. 3.6

Gregor sólo tuvo que oír el primer saludo del visitante
para saber de quién se trataba: el mismísimo firmante
autorizado.

Warum war nur Gregor dazu verurteilt, bei
einer Firma zu dienen, wo man bei der kleinsten
Versäumnis gleich den größten Verdacht faßte? 3.7

¿Por qué era Gregor el único condenado a trabajar para una
empresa en la que la más mínima omisión era recibida con
la mayor de las sospechas?

3.8 Waren denn alle Angestellten samt und sonders Lumpen, gab es denn unter ihnen keinen treuen ergebenen Menschen, der, wenn er auch nur ein paar Morgenstunden für das Geschäft nicht ausgenutzt hatte, vor Gewissensbissen närrisch wurde und geradezu nicht imstande war, das Bett zu verlassen?

¿Acaso todos los empleados eran unos harapientos, no había entre ellos personas leales y abnegadas que, si no aprovechaban siquiera unas horas de la mañana para el negocio, se volvían locos de remordimiento y casi incapaces de levantarse de la cama?

3.9 Genügte es wirklich nicht, einen Lehrjungen nachfragen zu lassen – wenn überhaupt diese Fragerei nötig war – , mußte da der Prokurist selbst kommen, und mußte dadurch der ganzen unschuldigen Familie gezeigt werden, daß die Untersuchung dieser verdächtigen Angelegenheit nur dem Verstand des Prokuristen anvertraut werden konnte?

¿No bastaba con que un aprendiz hiciera preguntas - si es que tal interrogatorio era necesario-, tenía que venir el propio funcionario autorizado y había que demostrar a toda la inocente familia que la investigación de este sospechoso asunto sólo podía confiarse a la mente del funcionario autorizado?

3.10 Und mehr infolge der Erregung, in welche Gregor durch diese Überlegungen versetzt wurde, als infolge eines richtigen Entschlusses, schwang er sich mit aller Macht aus dem Bett.

Y fue más por la excitación en que sumieron a Gregor estas reflexiones que por una resolución real, que se levantó de la cama con todas sus fuerzas.

3.11 Es gab einen lauten Schlag,

Se oyó un fuerte golpe,

aber ein eigentlicher Krach war es nicht. 3.12
pero en realidad no fue un estruendo.

Ein wenig wurde der Fall durch den Teppich 3.13
abgeschwächt, auch war der Rücken elastischer,
als Gregor gedacht hatte, daher kam der nicht gar so
auffallende dumpfe Klang.
La caída fue suavizada un poco por la alfombra, y el
respaldo era más elástico de lo que Gregor había pensado,
razón por la cual el sonido amortiguado no fue tan
perceptible.

Nur den Kopf hatte er nicht vorsichtig genug 3.14
gehalten und ihn angeschlagen;
Sólo que no había sujetado la cabeza con suficiente cuidado
y se la había golpeado;

er drehte ihn und rieb ihn an dem Teppich vor Ärger 3.15
und Schmerz.
la giró y la frotó contra la alfombra con rabia y dolor.

»Da drin ist etwas gefallen«, 4.1
"Algo cayó ahí dentro",

sagte der Prokurist im Nebenzimmer links. 4.2
dijo el firmante autorizado en la habitación contigua a la
izquierda.

Gregor suchte sich vorzustellen, ob nicht auch 4.3
einmal dem Prokuristen etwas Ähnliches passieren
könnte, wie heute ihm;
Gregor trató de imaginar si no podría ocurrirle al firmante
autorizado algo parecido a lo que le había sucedido hoy;

die Möglichkeit dessen mußte man doch eigentlich 4.4
zugeben.
en realidad, había que admitir la posibilidad.

4.5 Aber wie zur rohen Antwort auf diese Frage machte jetzt der Prokurist im Nebenzimmer ein paar bestimmte Schritte und ließ seine Lackstiefel knarren.

Pero como en respuesta a esta pregunta, el firmante autorizado de la habitación contigua dio unos pasos definidos y dejó crujir sus botas de charol.

4.6 Aus dem Nebenzimmer rechts flüsterte die Schwester, um Gregor zu verständigen:

Desde la habitación contigua, a la derecha, la enfermera susurró para informar a Gregor:

4.7 »Gregor, der Prokurist ist da.«

"Gregor, el firmante autorizado está aquí."

4.8 »Ich weiß«, sagte Gregor vor sich hin; aber so laut, daß es die Schwester hätte hören können, wagte er die Stimme nicht zu erheben.

"Lo sé", se dijo Gregor, pero no se atrevió a levantar la voz lo suficiente para que la enfermera le oyera.

5.1 »Gregor«, sagte nun der Vater aus dem Nebenzimmer links,

"Gregor", dijo el padre desde la habitación de al lado, a la izquierda,

5.2 »der Herr Prokurist ist gekommen und erkundigt sich, warum du nicht mit dem Frühzug weggefahren bist.

"el signatario autorizado ha venido y pregunta por qué no te fuiste en el primer tren.

5.3 Wir wissen nicht, was wir ihm sagen sollen.

No sabemos qué decirle.

Übrigens will er auch mit dir persönlich sprechen. 5.4
Por cierto, también quiere hablar con usted en persona.

Also bitte mach die Tür auf. 5.5
Así que, por favor, ábrale la puerta.

Er wird die Unordnung im Zimmer zu entschuldigen 5.6
schon die Güte haben.«
Tendrá la amabilidad de disculparse por el desorden de la
habitación."

»Guten Morgen, Herr Samsa«, rief der Prokurist 6.1
freundlich dazwischen.
"Buenos días, señor Samsa", le llamó el autorizado con voz
amistosa.

»Ihm ist nicht wohl«, sagte die Mutter zum 6.2
Prokuristen, während der Vater noch an der Tür
redete,
"No se encuentra bien", dijo la madre al funcionario
autorizado, mientras el padre seguía hablando en la puerta,

»ihm ist nicht wohl, glauben Sie mir, Herr Prokurist. 6.3
"no se encuentra bien, créame, señor Prokurist.

Wie würde denn Gregor sonst einen Zug versäumen! 6.4
Si no, ¡cómo iba Gregor a perder un tren!

Der Junge hat ja nichts im Kopf als das Geschäft. 6.5
El chico no tiene otra cosa en la cabeza que los negocios.

Ich ärgere mich schon fast, daß er abends niemals 6.6
ausgeht;
Casi me molesta que nunca salga por la noche;

jetzt war er doch acht Tage in der Stadt, 6.7
lleva ocho días en la ciudad,

28

6.8 aber jeden Abend war er zu Hause.
pero ha estado en casa todas las noches.

6.9 Da sitzt er bei uns am Tisch und liest still die Zeitung oder studiert Fahrpläne.
Se sienta en nuestra mesa y lee tranquilamente el periódico o estudia los horarios.

6.10 Es ist schon eine Zerstreuung für ihn, wenn er sich mit Laubsägearbeiten beschäftigt.
Es una distracción para él cuando está ocupado con el trasteo.

6.11 Da hat er zum Beispiel im Laufe von zwei, drei Abenden einen kleinen Rahmen geschnitzt;
En el transcurso de dos o tres tardes, por ejemplo, ha tallado un pequeño marco;

6.12 Sie werden staunen, wie hübsch er ist; er hängt drin im Zimmer;
te sorprenderá lo bonito que es; está colgado en la habitación;

6.13 Sie werden ihn gleich sehen, bis Gregor aufmacht.
lo verás enseguida hasta que Gregor abra la puerta.

6.14 Ich bin übrigens glücklich, daß Sie da sind, Herr Prokurist;
Por cierto, me alegro de que esté aquí, señor Prokurist;

6.15 wir allein hätten Gregor nicht dazu gebracht, die Tür zu öffnen;
no habríamos conseguido que Gregor abriera la puerta por nuestra cuenta;

er ist so hartnäckig; und bestimmt ist ihm nicht wohl, 6.16

es muy testarudo; y estoy segura de que no se encuentra bien,

trotzdem er es am Morgen geleugnet hat.« 6.17

aunque lo negó por la mañana."

»Ich komme gleich«, sagte Gregor langsam und bedächtig und rührte sich nicht, um kein Wort der Gespräche zu verlieren. 7.1

"Enseguida voy", dijo Gregor lenta y deliberadamente, sin moverse para no perder una palabra de la conversación.

»Anders, gnädige Frau, kann ich es mir auch nicht erklären«, sagte der Prokurist, 7.2

"No puedo explicarlo de otra manera, señora", dijo el autorizado firmante,

»hoffentlich ist es nichts Ernstes. 7.3

"espero que no sea nada grave.

Wenn ich auch andererseits sagen muß, daß wir Geschäftsleute – 7.4

Aunque, por otra parte, debo decir que los hombres de negocios –

wie man will, leider oder glücklicherweise – 7.5

por desgracia o por fortuna, según el caso –

ein leichtes Unwohlsein sehr oft aus geschäftlichen Rücksichten einfach überwinden müssen.« 7.6

muy a menudo tenemos que superar una ligera indisposición simplemente por consideraciones comerciales."

»Also kann der Herr Prokurist schon zu dir hinein?« 7.7

"¿Así que el señor Prokurist ya puede entrar a verle?"

7.8 **fragte der ungeduldige Vater und klopfte wiederum an die Tür.**

preguntó el padre impaciente, llamando de nuevo a la puerta.

7.9 **»Nein«, sagte Gregor.**

"No", respondió Gregor.

7.10 **Im Nebenzimmer links trat eine peinliche Stille ein, im Nebenzimmer rechts begann die Schwester zu schluchzen.**

Hubo un silencio incómodo en la habitación contigua de la izquierda y la hermana empezó a sollozar en la habitación contigua de la derecha.

Kapitel 4

Capítulo 4

1.1 **Warum ging denn die Schwester nicht zu den anderen?**
¿Por qué la enfermera no se unió a los demás?

1.2 **Sie war wohl erst jetzt aus dem Bett aufgestanden und hatte noch gar nicht angefangen sich anzuziehen.**
Probablemente acababa de levantarse de la cama y ni siquiera había empezado a vestirse.

1.3 **Und warum weinte sie denn?**
¿Y por qué lloraba?

1.4 **Weil er nicht aufstand und den Prokuristen nicht hereinließ, weil er in Gefahr war, den Posten zu verlieren und weil dann der Chef die Eltern mit den alten Forderungen wieder verfolgen würde?**
¿Porque no se levantaba y dejaba entrar al firmante autorizado, porque corría el riesgo de perder su trabajo y porque el jefe volvería a perseguir a los padres con sus viejas exigencias?

1.5 **Das waren doch vorläufig wohl unnötige Sorgen.**
Esas eran preocupaciones innecesarias por el momento.

33

Noch war Gregor hier und dachte nicht im geringsten 1.6
daran, seine Familie zu verlassen.
Gregor seguía aquí y no tenía la menor idea de dejar a su
familia.

Augenblicklich lag er wohl da auf dem Teppich, und 1.7
niemand, der seinen Zustand gekannt hätte, hätte
im Ernst von ihm verlangt, daß er den Prokuristen
hereinlasse.
Probablemente estaba tumbado en la alfombra en ese
momento, y nadie que conociera su estado le habría exigido
seriamente que dejara entrar al funcionario autorizado.

Aber wegen dieser kleinen Unhöflichkeit, für die sich 1.8
ja später leicht eine passende Ausrede finden würde,
konnte Gregor doch nicht gut sofort weggeschickt
werden.
Pero Gregor no podía muy bien ser despedido
inmediatamente a causa de esta pequeña descortesía, para
la cual se podría encontrar fácilmente una excusa adecuada
más tarde.

Und Gregor schien es, daß es viel vernünftiger wäre, 1.9
ihn jetzt in Ruhe zu lassen, statt ihn mit Weinen und
Zureden zu stören.
Y a Gregor le pareció que sería mucho más sensato dejarlo
solo ahora en lugar de molestarlo con llantos y coacciones.

Aber es war eben die Ungewißheit, welche die 1.10
anderen bedrängte und ihr Benehmen entschuldigte.
Pero era la incertidumbre lo que inquietaba a los demás y
justificaba su comportamiento.

»Herr Samsa«, rief nun der Prokurist mit erhobener 2.1
Stimme,
"Señor Samsa", gritó el signatario autorizado con voz
elevada,

34

2.2 »was ist denn los?
"¿qué está pasando?

2.3 Sie verbarrikadieren sich da in Ihrem Zimmer,
antworten bloß mit ja und nein, machen Ihren Eltern
schwere, unnötige Sorgen und versäumen –
Se está atrincherando en su habitación, contestando sólo sí
y no, causando serias e innecesarias preocupaciones a sus
padres y –

2.4 dies nur nebenbei erwähnt –
por cierto –

2.5 Ihre geschäftliche Pflichten in einer eigentlich
unerhörten Weise.
descuidando sus deberes profesionales de una forma
realmente inaudita.

2.6 Ich spreche hier im Namen Ihrer Eltern und
Ihres Chefs und bitte Sie ganz ernsthaft um eine
augenblickliche, deutliche Erklärung.
Hablo aquí en nombre de tus padres y de tu jefe y te pido
muy seriamente una explicación inmediata y clara.

2.7 Ich staune, ich staune.
Estoy asombrado, estoy asombrado.

2.8 Ich glaubte Sie als einen ruhigen, vernünftigen
Menschen zu kennen, und nun scheinen Sie plötzlich
anfangen zu wollen, mit sonderbaren Launen zu
paradieren.
Creía conocerte como una persona tranquila y sensata, y
ahora de repente parece que quieres empezar a hacer alarde
de tu extraño humor.

De Chef deutete mir zwar heute früh eine möglich 2.9
Erklärung für Ihre Versäumnisse an – sie betraf das
Ihnen seit kurzem anvertraute Inkasso – , aber ich
legte wahrhaftig fast mein Ehrenwort dafür ein, daß
diese Erklärung nicht zutreffen könne.

Tu jefe me sugirió esta mañana que había una posible
explicación para tus fallos - se refería al cobro de deudas
que se te había confiado recientemente-, pero realmente
estuve a punto de dar mi palabra de honor de que esa
explicación no podía ser cierta.

Nun aber sehe ich hier Ihren unbegreiflichen 2.10
Starrsinn und verliere ganz und gar jede Lust, mich
auch nur im geringsten für Sie einzusetzen.

Ahora, sin embargo, veo aquí su incomprensible
obstinación y pierdo todo deseo de defenderle en lo más
mínimo.

Und Ihre Stellung ist durchaus nicht die festeste. 2.11

Y su posición no es en absoluto la más firme.

Ich hatte ursprünglich die Absicht, Ihnen das alles 2.12
unter vier Augen zu sagen, aber da Sie mich hier
nutzlos meine Zeit versäumen lassen, weiß ich nicht,
warum es nicht auch Ihr Herren Eltern erfahren
sollen.

En un principio tenía la intención de contarte todo esto en
privado, pero ya que me haces perder el tiempo aquí, no sé
por qué tus padres no deberían saberlo también.

Ihre Leistungen in der letzten Zeit waren also sehr 2.13
unbefriedigend;

Así que su actuación reciente ha sido muy insatisfactoria;

es ist zwar nicht die Jahreszeit, um besondere 2.14
Geschäfte zu machen, das erkennen wir an;

no es temporada para hacer negocios, lo reconocemos;

2.15 aber eine Jahreszeit, um keine Geschäfte zu machen, gibt es überhaupt nicht, Herr Samsa, darf es nicht geben.«

pero no hay temporada para no hacer negocios, señor Samsa, no debe haberla."

3.1 »Aber Herr Prokurist«, rief Gregor außer sich und vergaß in der Aufregung alles andere,

"Pero señor Prokurist", exclamó Gregor, olvidando todo lo demás en su excitación,

3.2 »ich mache ja sofort, augenblicklich auf.

"me levantaré inmediatamente.

3.3 Ein leichtes Unwohlsein, ein Schwindelanfall, haben mich verhindert aufzustehen.

Una ligera indisposición, un mareo, me impidió levantarme.

3.4 Ich liege noch jetzt im Bett.

Ahora sigo tumbado en la cama.

3.5 Jetzt bin ich aber schon wieder ganz frisch.

Pero ahora vuelvo a estar completamente fresco.

3.6 Eben steige ich aus dem Bett.

Estoy a punto de salir de la cama.

3.7 Nur einen kleinen Augenblick Geduld!

¡Un momento de paciencia!

3.8 Es geht noch nicht so gut; wie ich dachte.

No me siento tan bien como pensaba.

3.9 Es ist mir aber schon wohl.

Pero ya me siento bien.

Wie das nur einen Menschen so überfallen kann! 3.10
¡Cómo puede llegar a una persona así!

Noch gestern abend war mir ganz gut, meine Eltern 3.11
wissen es ja, oder besser, schon gestern abend hatte
ich eine kleine Vorahnung.
Anoche todavía me sentía bien, como saben mis padres, o
mejor dicho, anoche tuve una pequeña premonición.

Man hätte es mir ansehen müssen. 3.12
Debería haber sido obvio para mí.

Warum habe ich es nur im Geschäfte nicht gemeldet! 3.13
¡Por qué no lo comuniqué en la tienda!

Aber man denkt eben immer, daß man die Krankheit 3.14
ohne Zuhausebleiben überstehen wird.
Pero uno siempre piensa que superará la enfermedad sin
quedarse en casa.

Herr Prokurist! Schonen Sie meine Eltern! 3.15
¡Sr. Prokurist! ¡Tranquilo con mis padres!

Für alle die Vorwürfe, die Sie mir jetzt machen, ist ja 3.16
kein Grund;
No hay razón para todas las acusaciones que me hace ahora;

man hat mir ja davon auch kein Wort gesagt. 3.17
no me han dicho ni una palabra al respecto.

Sie haben vielleicht die letzten Aufträge, die ich 3.18
geschickt habe, nicht gelesen.
Tal vez usted no ha leído las últimas órdenes que envié.

3.19 Übrigens, noch mit dem Achtuhrzug fahre ich auf die Reise, die paar Stunden Ruhe haben mich gekräftigt.
Por cierto, sigo viajando en el tren de las ocho, las pocas horas de descanso me han vigorizado.

3.20 Halten Sie sich nur nicht auf, Herr Prokurist;
No se haga esperar, señor Prokurist;

3.21 ich bin gleich selbst im Geschäft, und haben Sie die Güte, das zu sagen und mich dem Herrn Chef zu empfehlen!«
yo mismo me ocuparé del negocio en un momento, ¡y tenga la bondad de decirlo y recomendarme al jefe!"

4.1 Und während Gregor dies alles hastig ausstieß und kaum wußte, was er sprach, hatte er sich leicht, wohl infolge der im Bett bereits erlangten Übung, dem Kasten genähert und versuchte nun, an ihm sich aufzurichten.
Y mientras Gregor pronunciaba todo esto precipitadamente y apenas sabía lo que decía, se había acercado al palco con facilidad, probablemente como resultado del ejercicio que ya había hecho en la cama, y ahora intentaba ponerse de pie sobre él.

4.2 Er wollte tatsächlich die Tür aufmachen,
Realmente quería abrir la puerta,

4.3 tatsächlich sich sehen lassen und mit dem Prokuristen sprechen;
realmente quería ser visto y hablar con el funcionario autorizado;

er war begierig zu erfahren, was die anderen, die jetzt so nach ihm verlangten, bei seinem Anblick sagen würden. 4.4

estaba ansioso por saber qué dirían al verle los demás, que ahora estaban tan ansiosos por verle.

Würden sie erschrecken, 4.5

Si se asustaban,

dann hatte Gregor keine Verantwortung mehr und konnte ruhig sein. 4.6

Gregor ya no tendría ninguna responsabilidad y podría permanecer tranquilo.

Würden sie aber alles ruhig hinnehmen, dann hatte auch er keinen Grund sich aufzuregen, und konnte, wenn er sich beeilte, um acht Uhr tatsächlich auf dem Bahnhof sein. 4.7

Pero si lo aceptaban todo con calma, entonces no tenía motivos para alterarse y, si se daba prisa, podría estar de hecho en la estación a las ocho.

Zuerst glitt er nun einige Male von dem glatten Kasten ab, 5.1

Al principio resbaló varias veces de la lisa caja,

aber endlich gab er sich einen letzten Schwung und stand aufrecht da; 5.2

pero finalmente se dio un último empujón y se puso en pie;

auf die Schmerzen im Unterleib achtete er gar nicht mehr, 5.3

ya no prestaba atención al dolor que sentía en el abdomen,

so sehr sie auch brannten. 5.4

por mucho que le quemara.

5.5 **Nun ließ er sich gegen die Rückenlehne eines nahen Stuhles fallen,**
Ahora se dejó caer contra el respaldo de una silla cercana,

5.6 **an deren Rändern er sich mit seinen Beinchen festhielt.**
agarrándose a sus bordes con las piernecitas.

5.7 **Damit hatte er aber auch die Herrschaft über sich erlangt und verstummte,**
Pero esto también le dio control sobre sí mismo y se calló,

5.8 **denn nun konnte er den Prokuristen anhören.**
porque ahora podía escuchar al procurador.

6.1 **»Haben Sie auch nur ein Wort verstanden?«,**
"¿Habéis entendido una palabra de lo que ha dicho?",

6.2 **fragte der Prokurist die Eltern,**
preguntó el agente autorizado a los padres,

6.3 **»er macht sich doch wohl nicht einen Narren aus uns?«**
"¿seguro que no nos está tomando el pelo?"

6.4 **»Um Gottes willen«, rief die Mutter schon unter Weinen,**
"Por el amor de Dios", gritó la madre, ya entre lágrimas,

6.5 **»er ist vielleicht schwer krank, und wir quälen ihn.»**
"podría estar gravemente enfermo y le estamos torturando."

6.6 **Grete! Grete!« schrie sie dann. »Mutter?«**
¡Grete! Grete!" gritó entonces. " ¿Madre?"

41

rief die Schwester von der anderen Seite. 6.7
llamó la hermana desde el otro lado.

Sie verständigten sich durch Gregors Zimmer. 6.8
Se comunicaron a través de la habitación de Gregor.

»Du mußt augenblicklich zum Arzt. Gregor ist krank. 6.9
"Debes ir al médico inmediatamente. Gregor está enfermo.

Rasch um den Arzt. Hast du Gregor jetzt reden 6.10
hören?«
Rápido al médico. ¿Has oído hablar a Gregor ahora?"

»Das war eine Tierstimme«, sagte der Prokurist, 6.11
auffallend leise gegenüber dem Schreien der Mutter.
"Era una voz animal", dijo el procurador, notablemente
tranquilo comparado con los gritos de su madre.

»Anna! Anna!« 7.1
"¡Anna! Anna!"

rief der Vater durch das Vorzimmer in die Küche und 7.2
klatschte in die Hände,
gritó el padre a través de la antesala hacia la cocina, dando
palmas,

»sofort einen Schlosser holen!« 7.3
"¡trae un cerrajero ya!"

Und schon liefen die zwei Mädchen mit rauschenden 7.4
Röcken durch das Vorzimmer –
Y las dos chicas ya estaban corriendo por la antesala con las
faldas crujiendo –

wie hatte sich die Schwester denn so schnell 7.5
angezogen?
¿cómo se había vestido tan rápido la hermana?

7.6 **– und rissen die Wohnungstüre auf.**
– y abrieron de un tirón la puerta principal.

7.7 **Man hörte gar nicht die Türe zuschlagen;**
No se oyó el portazo;

7.8 **sie hatten sie wohl offen gelassen, wie es in Wohnungen zu sein pflegt, in denen ein großes Unglück geschehen ist.**
probablemente la habían dejado abierta, como es habitual en los pisos donde ha ocurrido una gran desgracia.

Kapitel 5

Capítulo 5

1.1 Gregor war aber viel ruhiger geworden.
Pero Gregor se había tranquilizado mucho.

1.2 Man verstand zwar also seine Worte nicht mehr, trotzdem sie ihm genug klar, klarer als früher, vorgekommen waren, vielleicht infolge der Gewöhnung des Ohres.
Ya no se entendían sus palabras, aunque le habían parecido bastante claras, más claras que antes, quizá porque su oído se había acostumbrado a ellas.

1.3 Aber immerhin glaubte man nun schon daran, daß es mit ihm nicht ganz in Ordnung war, und war bereit, ihm zu helfen.
Pero al menos la gente creía ahora que le pasaba algo y estaba dispuesta a ayudarle.

1.4 Die Zuversicht und Sicherheit, mit welchen die ersten Anordnungen getroffen worden waren, taten ihm wohl.
La confianza y la seguridad con que le habían dado las primeras instrucciones le hicieron bien.

Er fühlte sich wieder einbezogen in den menschlichen Kreis und erhoffte von beiden, vom Arzt und vom Schlosser, ohne sie eigentlich genau zu scheiden, großartige und überraschende Leistungen. 1.5

Volvió a sentirse incluido en el círculo humano y esperó grandes y sorprendentes logros tanto del médico como del cerrajero, sin llegar a separarlos.

Um für die sich nähernden entscheidenden Besprechungen eine möglichst klare Stimme zu bekommen, hustete er ein wenig ab, allerdings bemüht, dies ganz gedämpft zu tun, da möglicherweise auch schon dieses Geräusch anders als menschlicher Husten klang, was er selbst zu entscheiden sich nicht mehr getraute. 1.6

A fin de tener la voz lo más clara posible para las reuniones cruciales que se avecinaban, tosió un poco, pero se esforzó por hacerlo de manera muy apagada, ya que incluso este ruido podría sonar diferente de una tos humana, cosa que ya no se atrevía a decidir por sí mismo.

Im Nebenzimmer war es inzwischen ganz still geworden. 1.7

Mientras tanto, se había hecho mucho silencio en la habitación contigua.

Vielleicht saßen die Eltern mit dem Prokuristen beim Tisch und tuschelten, 1.8

Quizá los padres estaban sentados a la mesa con el firmante autorizado y cuchicheaban,

vielleicht lehnten alle an der Türe und horchten. 1.9

quizá todos estaban apoyados en la puerta y escuchaban.

46

2.1 Gregor schob sich langsam mit dem Sessel zur Tür hin, ließ ihn dort los, warf sich gegen die Tür, hielt sich an ihr aufrecht –

Gregor empujó lentamente el sillón hacia la puerta, lo soltó, se lanzó contra la puerta, se mantuvo erguido contra ella –

2.2 die Ballen seiner Beinchen hatten ein wenig Klebstoff –

las bolas de las piernas tenían un poco de pegamento –

2.3 und ruhte sich dort einen Augenblick lang von der Anstrengung aus.

y descansó allí un momento por el esfuerzo.

2.4 Dann aber machte er sich daran, mit dem Mund den Schlüssel im Schloß umzudrehen.

Luego se dispuso a girar la llave en la cerradura con la boca.

2.5 Es schien leider, daß er keine eigentlichen Zähne hatte, – womit sollte er gleich den Schlüssel fassen?

Desgraciadamente, no tenía dientes: ¿cómo iba a agarrar la llave?

2.6 – aber dafür waren die Kiefer freilich sehr stark; mit ihrer Hilfe brachte er auch wirklich den Schlüssel in Bewegung und achtete nicht darauf, daß er sich zweifellos irgendeinen Schaden zufügte, denn eine braune Flüssigkeit kam ihm aus dem Mund, floß über den Schlüssel und tropfte auf den Boden.

– pero sus mandíbulas eran, por supuesto, muy fuertes, y con su ayuda giró realmente la llave, sin importarle que, sin duda, se estaba haciendo algún daño, pues un líquido marrón salió de su boca, fluyó sobre la llave y goteó en el suelo.

47

»Hören Sie nur«, sagte der Prokurist im Nebenzimmer, 3.1
"Escucha", dijo el autorizado en la habitación contigua,

»er dreht den Schlüssel um.« 3.2
"está girando la llave."

Das war für Gregor eine große Aufmunterung; 3.3
Aquello fue un gran estímulo para Gregor;

aber alle hätten ihm zurufen sollen, 3.4
pero todo el mundo debería haberle gritado,

auch der Vater und die Mutter: 3.5
incluidos su padre y su madre:

»Frisch, Gregor«, hätten sie rufen sollen, »immer 3.6
nur heran, fest an das Schloß heran!« Und in
der Vorstellung, daß alle seine Bemühungen mit
Spannung verfolgten, verbiß er sich mit allem, was
er an Kraft aufbringen konnte, besinnungslos in den
Schlüssel.
"¡Fresco, Gregor!" deberían haberle gritado, "¡sigue
acercándote, sigue acercándote a la cerradura!" E
imaginando que todo el mundo observaba su esfuerzo
con excitación, mordió la llave con todas las fuerzas que
pudo reunir.

Je nach dem Fortschreiten der Drehung des 3.7
Schlüssels umtanzte er das Schloß;
A medida que avanzaba el giro de la llave, bailaba alrededor
de la cerradura;

hielt sich jetzt nur noch mit dem Munde aufrecht, 3.8
ahora se mantenía erguido sólo con la boca,

3.9 und je nach Bedarf hing er sich an den Schlüssel oder drückte ihn dann wieder nieder mit der ganzen Last seines Körpers.

y según lo requería se aferraba a la llave o volvía a presionarla con todo el peso de su cuerpo.

3.10 Der hellere Klang des endlich zurückschnappenden Schlosses erweckte Gregor förmlich.

El brillante sonido de la cerradura al cerrarse despertó a Gregor.

3.11 Aufatmend sagte er sich:

Respirando aliviado, se dijo:

3.12 »Ich habe also den Schlosser nicht gebraucht«, und legte den Kopf auf die Klinke, um die Türe gänzlich zu öffnen.

"Así que no he necesitado al cerrajero", y apoyó la cabeza en el picaporte para abrir la puerta del todo.

4.1 Da er die Türe auf diese Weise öffnen mußte, war sie eigentlich schon recht weit geöffnet, und er selbst noch nicht zu sehen.

Como tuvo que abrir la puerta de esa manera, esta ya estaba bastante abierta y él aún no se veía.

4.2 Er mußte sich erst langsam um den einen Türflügel herumdrehen, und zwar sehr vorsichtig, wenn er nicht gerade vor dem Eintritt ins Zimmer plump auf den Rücken fallen wollte.

Primero tuvo que girarse lentamente alrededor de una de las hojas de la puerta, con mucho cuidado, si no quería caer de espaldas justo antes de entrar en la habitación.

Er war noch mit jener schwierigen Bewegung 4.3
beschäftigt und hatte nicht Zeit, auf anderes zu
achten, da hörte er schon den Prokuristen ein lautes
Aún estaba ocupado con ese difícil movimiento y no tenía
tiempo para prestar atención a nada más, cuando oyó al
apoderado un fuerte

»Oh!« 4.4
«¡Oh!»

ausstoßen – es klang, wie wenn der Wind saust und 4.5
nun sah er ihn auch, wie er, der der Nächste an der
Türe war, die Hand gegen den offenen Mund drückte
und langsam zurückwich, als vertreibe ihn eine
unsichtbare, gleichmäßig fortwirkende Kraft.
soltar, que sonó como el silbido del viento, y entonces lo
vio, a él, que era el más cercano a la puerta, llevándose la
mano a la boca y retrocediendo lentamente, como si una
fuerza invisible y constante lo empujara.

Die Mutter – sie stand hier trotz der Anwesenheit des 4.6
Prokuristen mit von der Nacht her noch aufgelösten,
hoch sich sträubenden Haaren – sah zuerst mit
gefalteten Händen den Vater an, ging dann zwei
Schritte zu Gregor hin und fiel inmitten ihrer rings
um sie herum sich ausbreitenden Röcke nieder, das
Gesicht ganz unauffindbar zu ihrer Brust gesenkt.
La madre, que estaba allí a pesar de la presencia del
apoderado, con el cabello revuelto y enmarañado desde
la noche anterior, miró primero al padre con las manos
juntas, luego dio dos pasos hacia Gregor y se postró en
medio de las faldas que se extendían a su alrededor, con el
rostro completamente oculto contra el pecho.

4.7 Der Vater ballte mit feindseligem Ausdruck die Faust, als wolle er Gregor in sein Zimmer zurückstoßen, sah sich dann unsicher im Wohnzimmer um, beschattete dann mit den Händen die Augen und weinte, daß sich seine mächtige Brust schüttelte.

El padre apretó los puños con expresión hostil, como si quisiera empujar a Gregor de vuelta a su habitación, luego miró inseguro a su alrededor en la sala de estar, se tapó los ojos con las manos y lloró tan fuerte que su poderoso pecho se sacudía.

5.1 Gregor trat nun gar nicht in das Zimmer, sondern lehnte sich von innen an den festgeriegelten Türflügel, so daß sein Leib nur zur Hälfte und darüber der seitlich geneigte Kopf zu sehen war, mit dem er zu den anderen hinüberlugte.

Gregor no entró en absoluto en la habitación, sino que se apoyó en la puerta cerrada por dentro, de modo que sólo quedaba visible la mitad de su cuerpo, y sobre ella su cabeza, inclinada hacia un lado, con la que miraba a los demás.

5.2 Es war inzwischen viel heller geworden;

Entretanto había amanecido mucho más claro;

5.3 klar stand auf der anderen Straßenseite ein Ausschnitt des gegenüberliegenden, endlosen, grauschwarzen Hauses – es war ein Krankenhaus – mit seinen hart die Front durchbrechenden regelmäßigen Fenstern;

al otro lado de la calle se veía una parte despejada de la interminable casa gris-negra de enfrente - era un hospital- , con sus ventanas regulares rompiendo con fuerza la fachada;

51

der Regen fiel noch nieder, aber nur mit großen, 5.4
einzeln sichtbaren und förmlich auch einzelnweise
auf die Erde hinuntergeworfenen Tropfen.

la lluvia seguía cayendo, pero sólo con gotas grandes,
visibles individualmente, que eran arrojadas literalmente
al suelo una a una.

Das Frühstücksgeschirr stand in überreicher Zahl auf 5.5
dem Tisch, denn für den Vater war das Frühstück die
wichtigste Mahlzeit des Tages, die er bei der Lektüre
verschiedener Zeitungen stundenlang hinzog.

Había abundantes platos de desayuno sobre la mesa,
porque para su padre el desayuno era la comida más
importante del día, y se pasaba horas leyendo diversos
periódicos.

Gerade an der gegenüberliegenden Wand hing eine 5.6
Photographie Gregors aus seiner Militärzeit, die ihn
als Leutnant darstellte, wie er, die Hand am Degen,
sorglos lächelnd, Respekt für seine Haltung und
Uniform verlangte.

En la pared de enfrente colgaba una fotografía de Gregor
de su época militar, en la que aparecía como teniente, con
la mano en la espada, sonriendo despreocupadamente,
exigiendo respeto por su porte y uniforme.

Die Tür zum Vorzimmer war geöffnet, und man sah, 5.7
da auch die Wohnungstür offen war, auf den Vorplatz
der Wohnung hinaus und auf den Beginn der abwärts
führenden Treppe.

La puerta de la antesala estaba abierta y, como la puerta
principal también lo estaba, se podía ver el patio del piso y
el comienzo de la escalera que conducía a la planta baja.

6.1 »Nun«, sagte Gregor und war sich dessen wohl bewußt, daß er der einzige war, der die Ruhe bewahrt hatte,
"Bueno", dijo Gregor, consciente de que era el único que había mantenido la calma,

6.2 »ich werde mich gleich anziehen,
"me vestiré enseguida,

6.3 die Kollektion zusammenpacken und wegfahren.
recogeré todo y me iré.

6.4 Wollt Ihr, wollt Ihr mich wegfahren lassen?
¿Me dejará marchar?

6.5 Nun, Herr Prokurist, Sie sehen, ich bin nicht starrköpfig und ich arbeite gern;
Bueno, señor Prokurist, ya ve que no soy testarudo y me gusta trabajar;

6.6 das Reisen ist beschwerlich,
viajar es difícil,

6.7 aber ich könnte ohne das Reisen nicht leben.
pero no podría vivir sin ello.

6.8 Wohin gehen Sie denn, Herr Prokurist? Ins Geschäft? Ja?
¿Adónde va, Sr. Prokurist? ¿A la tienda? ¿A la tienda?

6.9 Werden Sie alles wahrheitsgetreu berichten?
¿Informará de todo con sinceridad?

Man kann im Augenblick unfähig sein zu arbeiten, 6.10
aber dann ist gerade der richtige Zeitpunkt, sich
an die früheren Leistungen zu erinnern und zu
bedenken, daß man später, nach Beseitigung des
Hindernisses, gewiß desto fleißiger und gesammelter
arbeiten wird.
Puedes ser incapaz de trabajar en este momento, pero ése
es el momento adecuado para recordar tus logros pasados
y tener presente que, sin duda, trabajarás con más ahínco y
diligencia más adelante, una vez eliminado el obstáculo.

Ich bin ja dem Herrn Chef so sehr verpflichtet, 6.11
Estoy en deuda con el jefe,

das wissen Sie doch recht gut. 6.12
lo sabes muy bien.

Andererseits habe ich die Sorge um meine Eltern und 6.13
die Schwester.
Por otro lado, tengo que preocuparme por mis padres y mi
hermana.

Ich bin in der Klemme, 6.14
Estoy en un aprieto,

ich werde mich aber auch wieder herausarbeiten. 6.15
pero saldré de él.

Machen Sie es mir aber nicht schwieriger, als es 6.16
schon ist.
Pero no me lo pongas más difícil de lo que ya es.

Halten Sie im Geschäft meine Partei! 6.17
¡Mantén mi parte del trato!

Man liebt den Reisenden nicht, ich weiß. 6.18
La gente no ama a los viajeros, lo sé.

6.19 **Man denkt, er verdient ein Heidengeld und führt dabei ein schönes Leben.**

Crees que gana mucho dinero y lleva una buena vida.

6.20 **Man hat eben keine besondere Veranlassung, dieses Vorurteil besser zu durchdenken.**

Uno no tiene ninguna razón en particular para pensar mejor de este prejuicio.

6.21 **Sie aber, Herr Prokurist, Sie haben einen besseren Überblick über die Verhältnisse als das sonstige Personal, ja sogar, ganz im Vertrauen gesagt, einen besseren Überblick als der Herr Chef selbst, der in seiner Eigenschaft als Unternehmer sich in seinem Urteil leicht zu Ungunsten eines Angestellten beirren läßt.**

Pero usted, señor Prokurist, tiene una mejor visión de la situación que el resto del personal, e incluso, por decirlo sin rodeos, una mejor visión que el propio jefe, que en su calidad de empresario puede dejarse influir fácilmente en su juicio en perjuicio de un empleado.

Sie wissen auch sehr wohl, daß der Reisende, der 6.22
fast das ganze Jahr außerhalb des Geschäfts ist, so
leicht ein Opfer von Klatschereien, Zufälligkeiten
und grundlosen Beschwerden werden kann, gegen
die sich zu wehren ihm ganz unmöglich ist, da er
von ihnen meistens gar nichts erfährt und nur dann,
wenn er erschöpft eine Reise beendet hat, zu Hause
die schlimmen, auf ihre Ursachen hin nicht mehr zu
durchschauenden Folgen am eigenen Leibe zu spüren
bekommt.

Usted también sabe muy bien que el viajero, que está
alejado de la empresa durante la mayor parte del año,
puede convertirse fácilmente en víctima de habladurías,
coincidencias y quejas infundadas, contra las que le resulta
del todo imposible defenderse, ya que normalmente no se
entera de nada y sólo entonces, cuando ha terminado un
viaje agotado, siente en casa las malas consecuencias, cuyas
causas ya no puede comprender.

Herr Prokurist, gehen Sie nicht weg, ohne mir ein 6.23
Wort gesagt zu haben, das mir zeigt, daß Sie mir
wenigstens zu einem kleinen Teil recht geben!«

Señor Prokurist, ¡no se vaya sin decir una palabra para
demostrarme que está de acuerdo conmigo, al menos en
parte!"

Kapitel 6
Capítulo 6

1.1 Aber der Prokurist hatte sich schon bei den ersten Worten Gregors abgewendet,

Pero el procurador ya se había dado la vuelta al oír las primeras palabras de Gregor y sólo volvió a mirar a Gregor por encima del hombro encogido,

1.2 und nur über die zuckende Schulter hinweg sah er mit aufgeworfenen Lippen nach Gregor zurück.

con los labios curvados.

1.3 Und während Gregors Rede stand er keinen Augenblick still, sondern verzog sich, ohne Gregor aus den Augen zu lassen, gegen die Tür, aber ganz allmählich, als bestehe ein geheimes Verbot, das Zimmer zu verlassen.

Y durante el discurso de Gregor no se quedó quieto ni un momento, sino que se dirigió hacia la puerta sin apartar los ojos de Gregor, pero muy poco a poco, como si hubiera una prohibición secreta de abandonar la habitación.

Schon war er im Vorzimmer, und nach der 1.4
plötzlichen Bewegung, mit der er zum letztenmal den
Fuß aus dem Wohnzimmer zog, hätte man glauben
können, er habe sich soeben die Sohle verbrannt.

Ya estaba en la antesala, y por el brusco movimiento con el
que sacó el pie del salón por última vez, cualquiera podría
haber pensado que acababa de quemarse la planta del pie.

Im Vorzimmer aber streckte er die rechte Hand weit 1.5
von sich zur Treppe hin, als warte dort auf ihn eine
geradezu überirdische Erlösung.

En la antesala, sin embargo, estiró la mano derecha lejos de
él, hacia la escalera, como si allí le esperara una salvación
casi sobrenatural.

Gregor sah ein, daß er den Prokuristen in dieser 2.1
Stimmung auf keinen Fall weggehen lassen dürfe,
wenn dadurch seine Stellung im Geschäft nicht aufs
äußerste gefährdet werden sollte.

Gregor se dio cuenta de que no podía permitir que el
procurador se marchara de aquel humor si no quería que su
posición en el negocio se viera comprometida al máximo.

Die Eltern verstanden das alles nicht so gut; 2.2

Los padres no entendían muy bien todo esto;

sie hatten sich in den langen Jahren die Überzeugung 2.3
gebildet, daß Gregor in diesem Geschäft für sein
Leben versorgt war, und hatten außerdem jetzt mit
den augenblicklichen Sorgen so viel zu tun, daß
ihnen jede Voraussicht abhanden gekommen war.

a lo largo de los años se habían formado la convicción de
que Gregor estaba establecido de por vida en este negocio, y
además, ahora tenían tanto que ver con las preocupaciones
del momento que habían perdido toda previsión.

2.4 **Aber Gregor hatte diese Voraussicht.**
Pero Gregor tenía esta previsión.

2.5 **Der Prokurist mußte gehalten, beruhigt, überzeugt und schließlich gewonnen werden;**
Había que mantener, tranquilizar, convencer y finalmente convencer al signatario autorizado;

2.6 **die Zukunft Gregors und seiner Familie hing doch davon ab!**
¡el futuro de Gregor y de su familia dependía de ello!

2.7 **Wäre doch die Schwester hier gewesen! Sie war klug;**
¡Si la hermana hubiera estado aquí! Era lista;

2.8 **sie hatte schon geweint, als Gregor noch ruhig auf dem Rücken lag.**
ya había llorado cuando Gregor aún estaba tranquilamente tumbado de espaldas.

2.9 **Und gewiß hätte der Prokurist, dieser Damenfreund, sich von ihr lenken lassen;**
Y seguramente la procuradora, esa señora amiga, se habría dejado guiar por ella;

2.10 **sie hätte die Wohnungstür zugemacht und ihm im Vorzimmer den Schrecken ausgeredet.**
habría cerrado la puerta y le habría disuadido de su susto en la antesala.

2.11 **Aber die Schwester war eben nicht da,**
Pero la enfermera no estaba allí,

2.12 **Gregor selbst mußte handeln.**
Gregor tuvo que actuar por sí mismo.

Und ohne daran zu denken, daß er seine   3.1
gegenwärtigen Fähigkeiten, sich zu bewegen, noch
gar nicht kannte, ohne auch daran zu denken, daß
seine Rede möglicher - ja wahrscheinlicherweise
wieder nicht verstanden worden war, verließ er den
Türflügel;

Y sin pensar que aún desconocía su actual capacidad de
movimiento, sin pensar que su discurso posiblemente, es
más, probablemente, no había sido comprendido de nuevo,
abandonó el umbral de la puerta;

schob sich durch die Öffnung;   3.2

se empujó a través de la abertura;

wollte zum Prokuristen hingehen,   3.3

quiso ir hacia el procurador,

der sich schon am Geländer des Vorplatzes   3.4
lächerlicherweise mit beiden Händen festhielt;

que ya se agarraba ridículamente con ambas manos a la
barandilla del antepatio;

fiel aber sofort, nach einem Halt suchend, mit einem   3.5
kleinen Schrei auf seine vielen Beinchen nieder.

pero inmediatamente cayó sobre sus numerosas
piernecitas con un pequeño grito, buscando un punto
de apoyo.

Kaum war das geschehen,   3.6

Apenas había ocurrido esto,

fühlte er zum erstenmal an diesem Morgen ein   3.7
körperliches Wohlbehagen;

sintió por primera vez aquella mañana una sensación de
bienestar físico;

60

3.8 **die Beinchen hatten festen Boden unter sich;**
sus piernecitas tenían un suelo firme bajo ellas;

3.9 **sie gehorchten vollkommen, wie er zu seiner Freude merkte;**
obedecían perfectamente, como se dio cuenta para su regocijo;

3.10 **strebten sogar darnach, ihn fortzutragen, wohin er wollte;**
incluso se esforzaban por llevarle adonde él quería ir;

3.11 **und schon glaubte er, die endgültige Besserung alles Leidens stehe unmittelbar bevor.**
y ya creía que la mejoría final de todos sus sufrimientos era inminente.

3.12 **Aber im gleichen Augenblick, als er da schaukelnd vor verhaltener Bewegung, gar nicht weit von seiner Mutter entfernt, ihr gerade gegenüber auf dem Boden lag, sprang diese, die doch so ganz in sich versunken schien, mit einem Male in die Höhe, die Arme weit ausgestreckt, die Finger gespreizt, rief:**
Pero en ese mismo momento, mientras yacía en el suelo, meciéndose con movimientos contenidos, no lejos de su madre, justo enfrente de ella, ella, que parecía tan absorta en sí misma, se levantó de repente, con los brazos extendidos, los dedos abiertos, gritó:

3.13 **»Hilfe, um Gottes willen Hilfe!«,**
"¡Socorro, por Dios, socorro!",

3.14 **hielt den Kopf geneigt, als wolle sie Gregor besser sehen, lief aber, im Widerspruch dazu, sinnlos zurück;**
inclinó la cabeza como si quisiera ver mejor a Gregor, pero, en contradicción con esto, corrió hacia atrás sin sentido;

hatte vergessen, daß hinter ihr der gedeckte Tisch stand; 3.15
había olvidado que la mesa puesta estaba detrás de ella;

setzte sich, als sie bei ihm angekommen war, wie in Zerstreutheit, eilig auf ihn; 3.16
cuando la alcanzó, se sentó en ella precipitadamente, como distraída;

und schien gar nicht zu merken, daß neben ihr aus der umgeworfenen großen Kanne der Kaffee in vollem Strome auf den Teppich sich ergoß. 3.17
y no pareció darse cuenta en absoluto de que el café se derramaba de la gran cafetera volcada sobre la alfombra que había a su lado.

»Mutter, Mutter«, sagte Gregor leise, und sah zu ihr hinauf. 4.1
"Madre, madre", dijo Gregor en voz baja, mirándola.

Der Prokurist war ihm für einen Augenblick ganz aus dem Sinn gekommen; dagegen konnte er sich nicht versagen, im Anblick des fließenden Kaffees mehrmals mit den Kiefern ins Leere zu schnappen. 4.2
Por un momento, el procurador estuvo completamente fuera de sí, pero no pudo evitar chasquear las mandíbulas varias veces al ver el café que fluía.

Darüber schrie die Mutter neuerdings auf, flüchtete vom Tisch und fiel dem ihr entgegeneilenden Vater in die Arme. 4.3
Su madre volvió a gritar, huyó de la mesa y cayó en brazos de su padre, que se precipitó hacia ella.

4.4 **Aber Gregor hatte jetzt keine Zeit für seine Eltern; der Prokurist war schon auf der Treppe; das Kinn auf dem Geländer, sah er noch zum letzten Male zurück.**
Pero Gregor no tenía tiempo para sus padres; el procurador ya estaba en la escalera, con la barbilla apoyada en la barandilla, mirando hacia atrás por última vez.

4.5 **Gregor nahm einen Anlauf, um ihn möglichst sicher einzuholen;**
Gregor echó a correr para alcanzarlo con la mayor seguridad posible;

4.6 **der Prokurist mußte etwas ahnen,**
el procurador debió de sospechar algo,

4.7 **denn er machte einen Sprung über mehrere Stufen und verschwand;**
porque dio un salto sobre varios peldaños y desapareció;

4.8 **»Huh!« aber schrie er noch,**
"¡eh!" pero aun así gritó,

4.9 **es klang durchs ganze Treppenhaus.**
sonó por toda la escalera.

Leider schien nun auch diese Flucht des Prokuristen 4.10
den Vater, der bisher verhältnismäßig gefaßt
gewesen war, völlig zu verwirren, denn statt selbst
dem Prokuristen nachzulaufen oder wenigstens
Gregor in der Verfolgung nicht zu hindern, packte
er mit der Rechten den Stock des Prokuristen, den
dieser mit Hut und Überzieher auf einem Sessel
zurückgelassen hatte, holte mit der Linken eine
große Zeitung vom Tisch und machte sich unter
Füßestampfen daran, Gregor durch Schwenken
des Stockes und der Zeitung in sein Zimmer
zurückzutreiben.

Desgraciadamente, esta huida del procurador pareció
confundir por completo al padre, que hasta entonces había
estado relativamente tranquilo, porque en vez de correr
él mismo tras el procurador o, al menos, de no entorpecer
la persecución de Gregor, agarró con la mano derecha el
bastón del procurador, que había dejado sobre un sillón
con su sombrero y su gabán, cogió con la izquierda un gran
periódico de la mesa y, dando pisotones, se dispuso a hacer
volver a Gregor a su habitación agitando el bastón y el
periódico.

Kein Bitten Gregors half, kein Bitten wurde auch 4.11
verstanden, er mochte den Kopf noch so demütig
drehen, der Vater stampfte nur stärker mit den
Füßen.

Ninguna súplica por parte de Gregor sirvió de nada,
ninguna súplica fue entendida, por muy humildemente
que volviera la cabeza, su padre sólo daba más pisotones.

64

5.1 Drüben hatte die Mutter trotz des kühlen Wetters ein Fenster aufgerissen, und hinausgelehnt drückte sie ihr Gesicht weit außerhalb des Fensters in ihre Hände.

Allí, a pesar del frío que hacía, su madre había abierto de un tirón una ventana y, asomada, apoyaba la cara entre las manos, lejos de la ventana.

5.2 Zwischen Gasse und Treppenhaus entstand eine starke Zugluft, die Fenstervorhänge flogen auf, die Zeitungen auf dem Tische rauschten, einzelne Blätter wehten über den Boden hin.

Había una fuerte corriente de aire entre el callejón y la escalera, las cortinas de la ventana se abrieron volando, los periódicos de la mesa crujieron, algunas sábanas volaron por el suelo.

5.3 Unerbittlich drängte der Vater und stieß Zischlaute aus, wie ein Wilder.

Su padre empujaba sin descanso y siseaba como un salvaje.

5.4 Nun hatte aber Gregor noch gar keine Übung im Rückwärtsgehen,

Pero Gregor aún no había tenido práctica caminando hacia atrás,

5.5 es ging wirklich sehr langsam.

era realmente muy lento.

65

Wenn sich Gregor nur hätte umdrehen dürfen, er wäre gleich in seinem Zimmer gewesen, aber er fürchtete sich, den Vater durch die zeitraubende Umdrehung ungeduldig zu machen, und jeden Augenblick drohte ihm doch von dem Stock in des Vaters Hand der tödliche Schlag auf den Rücken oder auf den Kopf. 5.6

Si al menos le hubieran permitido darse la vuelta, Gregor habría llegado enseguida a su habitación, pero temía impacientar a su padre con la lenta vuelta, y en cualquier momento el bastón en la mano de su padre le amenazaba con un golpe mortal en la espalda o en la cabeza.

Endlich aber blieb Gregor doch nichts anderes übrig, denn er merkte mit Entsetzen, daß er im Rückwärtsgehen nicht einmal die Richtung einzuhalten verstand; 5.7

Al final, sin embargo, Gregor no tuvo más remedio, pues se dio cuenta con horror de que ni siquiera podía mantener la dirección mientras caminaba hacia atrás;

und so begann er, unter unaufhörlichen ängstlichen Seitenblicken nach dem Vater, sich nach Möglichkeit rasch, in Wirklichkeit aber doch nur sehr langsam umzudrehen. 5.8

y así, con incesantes y ansiosas miradas de reojo a su padre, empezó a darse la vuelta lo más deprisa posible, pero en realidad sólo muy despacio.

Vielleicht merkte der Vater seinen guten Willen, denn er störte ihn hierbei nicht, sondern dirigierte sogar hie und da die Drehbewegung von der Ferne mit der Spitze seines Stockes. 5.9

Tal vez su padre se dio cuenta de su buena voluntad, pues no le molestó, sino que incluso dirigió el movimiento de giro desde lejos con la punta de su bastón.

Kapitel 7

Capítulo 7

1.1 Wenn nur nicht dieses unerträgliche Zischen des Vaters gewesen wäre!

¡Si no hubiera sido por el insoportable silbido del padre!

1.2 Gregor verlor darüber ganz den Kopf.

Gregor perdió la cabeza por ello.

1.3 Er war schon fast ganz umgedreht, als er sich, immer auf dieses Zischen horchend, sogar irrte und sich wieder ein Stück zurückdrehte.

Casi se había dado la vuelta del todo cuando, siempre atento a ese siseo, incluso se equivocó y retrocedió un poco.

1.4 Als er aber endlich glücklich mit dem Kopf vor der Türöffnung war, zeigte es sich, daß sein Körper zu breit war, um ohne weiteres durchzukommen.

Pero cuando por fin estuvo contento con la cabeza delante de la puerta, resultó que su cuerpo era demasiado ancho para pasar fácilmente.

Dem Vater fiel es natürlich in seiner gegenwärtigen Verfassung auch nicht entfernt ein, etwa den anderen Türflügel zu öffnen, um für Gregor einen genügenden Durchgang zu schaffen. 1.5

Por supuesto, en su estado actual, a su padre no se le ocurrió ni remotamente abrir la otra ala de la puerta para crear un paso suficiente para Gregor.

Seine fixe Idee war bloß, daß Gregor so rasch als möglich in sein Zimmer müsse. 1.6

Su idea fija era simplemente que Gregor tenía que llegar a su habitación lo más rápidamente posible.

Niemals hätte er auch die umständlichen Vorbereitungen gestattet, die Gregor brauchte, um sich aufzurichten und vielleicht auf diese Weise durch die Tür zu kommen. 1.7

Nunca habría permitido los laboriosos preparativos que Gregor necesitaba para ponerse de pie y tal vez atravesar así la puerta.

Vielmehr trieb er, als gäbe es kein Hindernis, Gregor jetzt unter besonderem Lärm vorwärts; 1.8

En lugar de eso, como si no hubiera ningún obstáculo, empujó a Gregor hacia delante con mucho ruido;

es klang schon hinter Gregor gar nicht mehr wie die Stimme bloß eines einzigen Vaters; 1.9

ya no sonaba la voz de un solo padre detrás de Gregor;

nun gab es wirklich keinen Spaß mehr, und Gregor drängte sich – geschehe was wolle – in die Tür. 1.10

ahora sí que no había más diversión, y Gregor se abrió paso hasta la puerta, pasara lo que pasara.

68

1.11 Die eine Seite seines Körpers hob sich, er lag schief in der Türöffnung, seine eine Flanke war ganz wundgerieben, an der weißen Tür blieben häßliche Flecken, bald steckte er fest und hätte sich allein nicht mehr rühren können, die Beinchen auf der einen Seite hingen zitternd oben in der Luft, die auf der anderen waren schmerzhaft zu Boden gedrückt –

Un lado de su cuerpo se levantó, él yacía torcido en el umbral de la puerta, su único flanco estaba todo frotado en carne viva, feas marcas permanecían en la puerta blanca, pronto se quedó atascado y no podría haberse movido por su cuenta, las pequeñas piernas de un lado colgaban temblorosas en el aire, las del otro estaban presionadas dolorosamente contra el suelo –

1.12 da gab ihm der Vater von hinten einen jetzt wahrhaftig erlösenden starken Stoß, und er flog, heftig blutend, weit in sein Zimmer hinein.

entonces su padre le dio un fuerte empujón desde atrás, ahora verdaderamente liberador, y voló, sangrando profusamente, lejos en su habitación.

1.13 Die Tür wurde noch mit dem Stock zugeschlagen, dann war es endlich still.

La puerta se cerró de un portazo y por fin se hizo el silencio.

2.1 Erst in der Abenddämmerung erwachte Gregor aus seinem schweren ohnmachtsähnlichen Schlaf.

Sólo al anochecer despertó Gregor de su sueño pesado y desfallecido.

Er wäre gewiß nicht viel später auch ohne Störung 2.2
erwacht, denn er fühlte sich genügend ausgeruht und
ausgeschlafen, doch schien es ihm, als hätte ihn ein
flüchtiger Schritt und ein vorsichtiges Schließen der
zum Vorzimmer führenden Tür geweckt.

Seguramente no se habría despertado mucho más tarde sin
ser molestado, pues se sentía suficientemente descansado
y descansado, pero le pareció que un paso fugaz y un
cauteloso cierre de la puerta que conducía a la antesala
lo habían despertado.

Der Schein der elektrischen Straßenlampen lag 2.3
bleich hier und da auf der Zimmerdecke und auf den
höheren Teilen der Möbel, aber unten bei Gregor war
es finster.

El resplandor de las farolas eléctricas se veía pálido aquí
y allá en el techo y en las partes altas de los muebles, pero
abajo, con Gregor, todo estaba oscuro.

Langsam schob er sich, noch ungeschickt mit seinen 2.4
Fühlern tastend, die er erst jetzt schätzen lernte, zur
Türe hin, um nachzusehen, was dort geschehen war.

Lentamente, tanteando todavía torpemente el terreno con
sus antenas, que sólo ahora estaba aprendiendo a apreciar,
se abrió paso hacia la puerta para ver qué había ocurrido
allí.

Seine linke Seite schien eine einzige lange, 2.5
unangenehm spannende Narbe und er mußte auf
seinen zwei Beinreihen regelrecht hinken.

Su costado izquierdo parecía ser una larga cicatriz
desagradablemente tensa y tenía que cojear sobre sus
dos hileras de piernas.

2.6 **Ein Beinchen war übrigens im Laufe der vormittägigen Vorfälle schwer verletzt worden –**
Por cierto, una de sus piernas había resultado gravemente herida en el transcurso de los acontecimientos de la mañana –

2.7 **es war fast ein Wunder, daß nur eines verletzt worden war –**
era casi un milagro que sólo se hubiera lastimado una –

2.8 **und schleppte leblos nach.**
y se arrastraba sin vida.

3.1 **Erst bei der Tür merkte er, was ihn dorthin eigentlich gelockt hatte;**
Sólo cuando llegó a la puerta se dio cuenta de lo que realmente le había atraído hasta allí;

3.2 **es war der Geruch von etwas Eßbarem gewesen.**
había sido el olor de algo comestible.

3.3 **Denn dort stand ein Napf mit süßer Milch gefüllt,**
Había un cuenco lleno de leche dulce,

3.4 **in der kleine Schnitten von Weißbrot schwammen.**
con pequeñas rebanadas de pan blanco flotando en él.

3.5 **Fast hätte er vor Freude gelacht, denn er hatte noch größeren Hunger, als am Morgen, und gleich tauchte er seinen Kopf fast bis über die Augen in die Milch hinein.**
Casi se echó a reír de alegría, pues tenía más hambre que por la mañana, e inmediatamente sumergió la cabeza en la leche casi hasta los ojos.

3.6 **Aber bald zog er ihn enttäuscht wieder zurück;**
Pero pronto volvió a retirarla decepcionado;

nicht nur, daß ihm das Essen wegen seiner heiklen 3.7
linken Seite Schwierigkeiten machte – und er konnte
nur essen, wenn der ganze Körper schnaufend
mitarbeitete – , so schmeckte ihm überdies die Milch,
die sonst sein Lieblingsgetränk war, und die ihm
gewiß die Schwester deshalb hereingestellt hatte, gar
nicht, ja er wandte sich fast mit Widerwillen von dem
Napf ab und kroch in die Zimmermitte zurück.

no sólo su delicado costado izquierdo le dificultaba comer
– y sólo podía hacerlo cuando todo su cuerpo jadeaba-, sino
que la leche, que normalmente era su bebida favorita y
que sin duda la enfermera había puesto para él, no sabía
nada bien, y casi se apartó del cuenco con desgana y volvió a
arrastrarse hasta el centro de la habitación.

Im Wohnzimmer war, wie Gregor durch die 4.1
Türspalte sah, das Gas angezündet, aber während
sonst zu dieser Tageszeit der Vater seine nachmittags
erscheinende Zeitung der Mutter und manchmal
auch der Schwester mit erhobener Stimme
vorzulegen pflegte, hörte man jetzt keinen Laut.

En el salón, según vio Gregor a través de la rendija de la
puerta, se había encendido el gas, pero mientras que a esas
horas su padre solía leer el periódico de la tarde a su madre
y a veces también a su hermana en voz alta, ahora no se oía
ni un sonido.

Nun vielleicht war dieses Vorlesen, von dem ihm die 4.2
Schwester immer erzählte und schrieb, in der letzten
Zeit überhaupt aus der Übung gekommen.

Tal vez esta lectura en voz alta, que su hermana siempre
le contaba y le escribía, se había dejado de practicar
últimamente.

Aber auch ringsherum war es so still, 4.3

Pero todo estaba muy tranquilo,

72

4.4 trotzdem doch gewiß die Wohnung nicht leer war.
aunque el piso no estaba vacío.

4.5 »Was für ein stilles Leben die Familie doch führte«,
sagte sich Gregor und fühlte, während er starr vor
sich ins Dunkle sah, einen großen Stolz darüber,
daß er seinen Eltern und seiner Schwester ein
solches Leben in einer so schönen Wohnung hatte
verschaffen können.
"Qué vida tan tranquila llevaba la familia", se dijo Gregor, y
mientras contemplaba la oscuridad que se extendía ante él,
sintió un gran orgullo por haber sido capaz de proporcionar
a sus padres y a su hermana una vida así en un piso tan
bonito.

4.6 Wie aber, wenn jetzt alle Ruhe, aller Wohlstand,
alle Zufriedenheit ein Ende mit Schrecken nehmen
sollte?
Pero, ¿cómo, si toda la paz, toda la prosperidad, toda la
satisfacción debían acabar ahora con el horror?

4.7 Um sich nicht in solche Gedanken zu verlieren,
Para no perderse en tales pensamientos,

4.8 setzte sich Gregor lieber in Bewegung und kroch im
Zimmer auf und ab.
Gregor prefirió ponerse en movimiento y se arrastró arriba
y abajo por la habitación.

5.1 Einmal während des langen Abends wurde die eine
Seitentüre und einmal die andere bis zu einer kleinen
Spalte geöffnet und rasch wieder geschlossen;
Una vez durante la larga velada, una puerta lateral y otra
se abrieron hasta una pequeña rendija y luego volvieron a
cerrarse rápidamente;

jemand hatte wohl das Bedürfnis hereinzukommen, 5.2
alguien debía de sentir la necesidad de entrar,

aber auch wieder zuviele Bedenken. 5.3
pero de nuevo tenía demasiadas reservas.

Gregor machte nun unmittelbar bei der 5.4
Wohnzimmertür halt, entschlossen, den zögernden
Besucher doch irgendwie hereinzubringen oder doch
wenigstens zu erfahren, wer es sei;
Gregor se detuvo justo en la puerta del salón, decidido
a hacer entrar de algún modo al vacilante visitante, o al
menos a averiguar de quién se trataba;

aber nun wurde die Tür nicht mehr geöffnet und 5.5
Gregor wartete vergebens.
pero ahora la puerta ya no estaba abierta y Gregor esperó en
vano.

Früh, als die Türen versperrt waren, hatten alle zu 5.6
ihm hereinkommen wollen, jetzt, da er die eine Tür
geöffnet hatte und die anderen offenbar während des
Tages geöffnet worden waren, kam keiner mehr, und
die Schlüssel steckten nun auch von außen.
Antes, cuando las puertas habían estado cerradas, todo el
mundo había querido entrar a verle, pero ahora que había
abierto una puerta y las otras, obviamente, habían sido
abiertas durante el día, nadie entraba y las llaves estaban
ahora fuera.

6.1 Spät erst in der Nacht wurde das Licht im Wohnzimmer ausgelöscht, und nun war leicht festzustellen, daß die Eltern und die Schwester so lange wachgeblieben waren, denn wie man genau hören konnte, entfernten sich jetzt alle drei auf den Fußspitzen.

Hasta bien entrada la noche no se apagó la luz del salón, y ahora era fácil darse cuenta de que los padres y la hermana habían permanecido despiertos tanto tiempo, pues, como se oía claramente, los tres se alejaban ahora de puntillas.

6.2 Nun kam gewiß bis zum Morgen niemand mehr zu Gregor herein; er hatte also eine lange Zeit, um ungestört zu überlegen, wie er sein Leben jetzt neu ordnen sollte.

No era probable que nadie entrara a ver a Gregor hasta la mañana siguiente, por lo que disponía de mucho tiempo para pensar sin ser molestado en cómo debía reorganizar su vida.

Aber das hohe freie Zimmer, in dem er gezwungen 6.3
war, flach auf dem Boden zu liegen, ängstigte ihn,
ohne daß er die Ursache herausfinden konnte, denn
es war ja sein seit fünf Jahren von ihm bewohntes
Zimmer – und mit einer halb unbewußten Wendung
und nicht ohne eine leichte Scham eilte er unter das
Kanapee, wo er sich, trotzdem sein Rücken ein wenig
gedrückt wurde und trotzdem er den Kopf nicht
mehr erheben konnte, gleich sehr behaglich fühlte
und nur bedauerte, daß sein Körper zu breit war, um
vollständig unter dem Kanapee untergebracht zu
werden.

Pero la alta habitación abierta, en la que se veía obligado a
tumbarse en el suelo, le asustó sin que pudiera descubrir la
causa, pues era la habitación que había ocupado durante
cinco años, y con un giro medio inconsciente, y no sin una
ligera vergüenza, se apresuró a meterse debajo del sofá,
donde, aunque tenía la espalda un poco oprimida, y aunque
ya no podía levantar la cabeza, se sintió enseguida muy
cómodo, y sólo lamentó que su cuerpo fuera demasiado
ancho para caber completamente debajo del sofá.

Kapitel 8

Capítulo 8

1.1 Dort blieb er die ganze Nacht, die er zum Teil im Halbschlaf, aus dem ihn der Hunger immer wieder aufschreckte, verbrachte, zum Teil aber in Sorgen und undeutlichen Hoffnungen, die aber alle zu dem Schlusse führten, daß er sich vorläufig ruhig verhalten und durch Geduld und größte Rücksichtnahme der Familie die Unannehmlichkeiten erträglich machen müsse, die er ihr in seinem gegenwärtigen Zustand nun einmal zu verursachen gezwungen war.

Allí permaneció toda la noche, en parte medio dormido, del que le despertaba repetidamente el hambre, pero en parte preocupado y con vagas esperanzas, todo lo cual le llevó a la conclusión de que debía callarse por el momento y, con paciencia y la mayor consideración, hacer que la familia soportase las molestias que se veía obligado a causarles en su actual estado.

Schon am frühen Morgen, es war fast noch Nacht, hatte Gregor Gelegenheit, die Kraft seiner eben gefaßten Entschlüsse zu prüfen, denn vom Vorzimmer her öffnete die Schwester, fast völlig angezogen, die Tür und sah mit Spannung herein. 2.1

A primera hora de la mañana, cuando aún era casi de noche, Gregor tuvo ocasión de comprobar la firmeza de los propósitos que acababa de tomar, pues la enfermera abrió la puerta desde la antesala, casi completamente vestida, y miró hacia dentro con impaciencia.

Sie fand ihn nicht gleich, 2.2

No lo encontró de inmediato,

aber als sie ihn unter dem Kanapee bemerkte – 2.3

pero cuando reparó en él bajo el canapé –

Gott, er mußte doch irgendwo sein, er hatte doch nicht wegfliegen können – 2.4

Dios, debe de estar en alguna parte, no puede haber salido volando –

erschrak sie so sehr, daß sie, ohne sich beherrschen zu können, die Tür von außen wieder zuschlug. 2.5

se asustó tanto que, sin poder controlarse, volvió a cerrar la puerta de un portazo desde fuera.

Aber als bereue sie ihr Benehmen, öffnete sie die Tür sofort wieder und trat, als sei sie bei einem Schwerkranken oder gar bei einem Fremden, auf den Fußspitzen herein. 2.6

Pero como si se arrepintiera de su comportamiento, volvió a abrir inmediatamente la puerta y entró de puntillas, como si estuviera con un enfermo grave o incluso con un desconocido.

2.7 Gregor hatte den Kopf bis knapp zum Rande des Kanapees vorgeschoben und beobachtete sie.

Gregor había adelantado la cabeza hasta el borde del canapé y la observaba.

2.8 Ob sie wohl bemerken würde, daß er die Milch stehen gelassen hatte, und zwar keineswegs aus Mangel an Hunger, und ob sie eine andere Speise hereinbringen würde, die ihm besser entsprach?

¿Se daría cuenta de que había dejado la leche, y no por falta de hambre, y le traería otro plato que le sentara mejor?

2.9 Täte sie es nicht von selbst, er wollte lieber verhungern, als sie darauf aufmerksam machen, trotzdem es ihn eigentlich ungeheuer drängte, unterm Kanapee vorzuschießen, sich der Schwester zu Füßen zu werfen und sie um irgendetwas Gutes zum Essen zu bitten.

Si ella no lo hacía de motu propio, él prefería morirse de hambre antes que llamarle la atención, aunque sentía un tremendo impulso de abalanzarse bajo el canapé, arrojarse a los pies de la enfermera y pedirle algo bueno de comer.

2.10 Aber die Schwester bemerkte sofort mit Verwunderung den noch vollen Napf, aus dem nur ein wenig Milch ringsherum verschüttet war, sie hob ihn gleich auf, zwar nicht mit den bloßen Händen, sondern mit einem Fetzen, und trug ihn hinaus.

Pero la enfermera se dio cuenta enseguida con asombro de que el cuenco seguía lleno, con sólo un poco de leche derramada a su alrededor, e inmediatamente lo recogió, no con las manos desnudas, sino con un trapo, y se lo llevó.

2.11 Gregor war äußerst neugierig, was sie zum Ersatz bringen würde, und er machte sich die verschiedensten Gedanken darüber.

Gregor sintió gran curiosidad por saber qué traería para reemplazarlo, y tuvo todo tipo de pensamientos al respecto.

79

Niemals aber hätte er erraten können, was die Schwester in ihrer Güte wirklich tat. 2.12
Pero nunca habría podido adivinar lo que la hermana hacía en realidad con su amabilidad.

Sie brachte ihm, um seinen Geschmack zu prüfen, eine ganze Auswahl, alles auf einer alten Zeitung ausgebreitet. 2.13
Para probar su gusto, le trajo toda una selección, extendida sobre un viejo periódico.

Da war altes halbverfaultes Gemüse; 2.14
Había verduras viejas, medio podridas;

Knochen vom Nachtmahl her, 2.15
huesos de la comida de la noche,

die von festgewordener weißer Sauce umgeben waren; 2.16
rodeados de salsa blanca solidificada;

ein paar Rosinen und Mandeln; 2.17
unas cuantas pasas sultanas y almendras;

ein Käse, den Gregor vor zwei Tagen für ungenießbar erklärt hatte; 2.18
un queso que Gregor había declarado incomible hacía dos días;

ein trockenes Brot, 2.19
una hogaza de pan seco,

ein mit Butter beschmiertes und gesalzenes Brot. 2.20
una untada con mantequilla y salada.

2.21 Außerdem stellte sie zu dem allen noch den wahrscheinlich ein für allemal für Gregor bestimmten Napf,

A todo esto añadió el cuenco en el que había vertido agua,

2.22 in den sie Wasser gegossen hatte.

probablemente destinada a Gregor de una vez por todas.

2.23 Und aus Zartgefühl, da sie wußte, daß Gregor vor ihr nicht essen würde, entfernte sich eiligst und drehte sogar den Schlüssel um, damit nur Gregor merken könne, daß er es so behaglich machen dürfe, wie er wolle.

Y por delicadeza, sabiendo que Gregor no comería delante de ella, se retiró apresuradamente e incluso dio la vuelta a la llave para que sólo Gregor se diera cuenta de que podía ponerse tan cómodo como quisiera.

2.24 Gregors Beinchen schwirrten, als es jetzt zum Essen ging.

A Gregor le zumbaban las piernecitas cuando llegaba la hora de comer.

2.25 Seine Wunden mußten übrigens auch schon vollständig geheilt sein, er fühlte keine Behinderung mehr, er staunte darüber und dachte daran, wie er vor mehr als einem Monat sich mit dem Messer ganz wenig in den Finger geschnitten, und wie ihm diese Wunde noch vorgestern genug weh getan hatte.

Sus heridas, por cierto, debían de haber cicatrizado por completo, ya no sentía ninguna incapacidad, se maravillaba de ello y pensaba en cómo se había cortado muy levemente el dedo con un cuchillo hacía más de un mes, y en cómo esta herida le había dolido bastante anteayer.

»Sollte ich jetzt weniger Feingefühl haben?«, 3.1

"¿Debo tener menos sensibilidad ahora?",

dachte er und saugte schon gierig an dem Käse, zu 3.2
dem es ihn vor allen anderen Speisen sofort und
nachdrücklich gezogen hatte.

pensó, chupando ya con avidez el queso, al que se había
sentido inmediata y rotundamente atraído por encima de
todos los demás alimentos.

Rasch hintereinander und mit vor Befriedigung 3.3
tränenden Augen verzehrte er den Käse, das Gemüse
und die Sauce;

En rápida sucesión y con los ojos llorosos de satisfacción, se
comió el queso, las verduras y la salsa;

die frischen Speisen dagegen schmeckten ihm nicht, 3.4
er konnte nicht einmal ihren Geruch vertragen und
schleppte sogar die Sachen, die er essen wollte, ein
Stückchen weiter weg.

la comida fresca, en cambio, no le sabía bien, ni siquiera
soportaba su olor e incluso arrastraba las cosas que quería
comer un poco más lejos.

Er war schon längst mit allem fertig und lag nun 3.5
faul auf der gleichen Stelle, als die Schwester zum
Zeichen, daß er sich zurückziehen solle, langsam den
Schlüssel umdrehte.

Hacía tiempo que lo había terminado todo y ahora estaba
tumbado perezosamente en el mismo sitio cuando la
enfermera giró lentamente la llave para indicarle que se
retirara.

Das schreckte ihn sofort auf, trotzdem er schon fast 3.6
schlummerte, und er eilte wieder unter das Kanapee.

Esto le sobresaltó de inmediato, aunque estaba casi
dormido, y se apresuró a volver bajo el canapé.

82

3.7 **Aber es kostete ihn große Selbstüberwindung, auch nur die kurze Zeit, während welcher die Schwester im Zimmer war, unter dem Kanapee zu bleiben, denn von dem reichlichen Essen hatte sich sein Leib ein wenig gerundet und er konnte dort in der Enge kaum atmen.**

Pero le costó un gran esfuerzo permanecer bajo el canapé incluso el poco tiempo que la enfermera estuvo en la habitación, porque su cuerpo se había redondeado un poco por la rica comida y apenas podía respirar en el reducido espacio.

3.8 **Unter kleinen Erstickungsanfällen sah er mit etwas hervorgequollenen Augen zu, wie die nichtsahnende Schwester mit einem Besen nicht nur die Überbleibsel zusammenkehrte, sondern selbst die von Gregor gar nicht berührten Speisen, als seien also auch diese nicht mehr zu gebrauchen, und wie sie alles hastig in einen Kübel schüttete, den sie mit einem Holzdeckel schloß, worauf sie alles hinaustrug.**

Con pequeños ataques de asfixia, observó con los ojos algo hinchados cómo la desprevenida enfermera barría no sólo las sobras con una escoba, sino incluso la comida que Gregor no había tocado, como si también ya no sirviera, y cómo lo vertía todo apresuradamente en un cubo, que cerró con una tapa de madera y luego se lo llevó todo fuera.

3.9 **Kaum hatte sie sich umgedreht,**

Apenas se dio la vuelta,

3.10 **zog sich schon Gregor unter dem Kanapee hervor und streckte und blähte sich.**

Gregor salió de debajo del canapé y se estiró e hinchó.

Auf diese Weise bekam nun Gregor täglich sein   4.1
Essen, einmal am Morgen, wenn die Eltern und
das Dienstmädchen noch schliefen, das zweitemal
nach dem allgemeinen Mittagessen, denn dann
schliefen die Eltern gleichfalls noch ein Weilchen,
und das Dienstmädchen wurde von der Schwester
mit irgendeiner Besorgung weggeschickt.

De este modo, Gregor recibía su comida todos los días,
una vez por la mañana, cuando los padres y la criada aún
dormían, la segunda vez después de la comida general,
porque entonces los padres también dormían todavía un
rato, y la criada era enviada por la hermana a algún recado.

Gewiß wollten auch sie nicht, daß Gregor   4.2
verhungere, aber vielleicht hätten sie es nicht
ertragen können, von seinem Essen mehr als
durch Hörensagen zu erfahren, vielleicht wollte
die Schwester ihnen auch eine möglicherweise nur
kleine Trauer ersparen, denn tatsächlich litten sie ja
gerade genug.

Desde luego, tampoco querían que Gregor se muriera de
hambre, pero tal vez no podían soportar oír hablar de su
comida más allá de lo que se oía de oídas, tal vez la hermana
quería evitarles lo que podría haber sido sólo una pequeña
pena, pues en realidad ya estaban sufriendo bastante.

5.1 Mit welchen Ausreden man an jenem ersten Vormittag den Arzt und den Schlosser wieder aus der Wohnung geschafft hatte, konnte Gregor gar nicht erfahren, denn da er nicht verstanden wurde, dachte niemand daran, auch die Schwester nicht, daß er die anderen verstehen könne, und so mußte er sich, wenn die Schwester in seinem Zimmer war, damit begnügen, nur hier und da ihre Seufzer und Anrufe der Heiligen zu hören.

Gregor no pudo averiguar qué excusas se habían utilizado para sacar al médico y al cerrajero del piso aquella primera mañana, porque como a él no se le entendía, nadie, ni siquiera la enfermera, pensaba que pudiera entender a los demás, y así, cuando la enfermera estaba en su habitación, tenía que contentarse con oír sus suspiros y las llamadas de los santos aquí y allá.

5.2 Erst später, als sie sich ein wenig an alles gewöhnt hatte – von vollständiger Gewöhnung konnte natürlich niemals die Rede sein – , erhaschte Gregor manchmal eine Bemerkung, die freundlich gemeint war oder so gedeutet werden konnte.

Sólo más tarde, cuando se había acostumbrado un poco a todo - por supuesto, nunca podía haber una aclimatación completa-, Gregor captaba a veces algún comentario que pretendía ser amistoso o podía interpretarse como tal.

5.3 »Heute hat es ihm aber geschmeckt«, sagte sie, wenn Gregor unter dem Essen tüchtig aufgeräumt hatte, während sie im gegenteiligen Fall, der sich allmählich immer häufiger wiederholte, fast traurig zu sagen pflegte:

"Pero si hoy le ha gustado", decía ella cuando Gregor había limpiado después de la comida, mientras que en el caso contrario, que poco a poco se fue haciendo cada vez más frecuente, decía casi con tristeza:

»Nun ist wieder alles stehengeblieben.« 5.4
"Ahora todo se ha parado otra vez."

Kapitel 9

Capítulo 9

1.1 Während aber Gregor unmittelbar keine Neuigkeit erfahren konnte, erhorchte er manches aus den Nebenzimmern, und wo er nur einmal Stimmen hörte, lief er gleich zu der betreffenden Tür und drückte sich mit ganzem Leib an sie.

Pero aunque Gregor no podía oír directamente ninguna noticia, oía muchas cosas de las habitaciones vecinas, y dondequiera que oía voces, corría inmediatamente a la puerta en cuestión y se apretaba contra ella con todo el cuerpo.

1.2 Besonders in der ersten Zeit gab es kein Gespräch, das nicht irgendwie, wenn auch nur im geheimen, von ihm handelte.

Sobre todo en los primeros días, no había conversación en la que no se hablara de alguna manera, aunque fuera en secreto, de él.

1.3 Zwei Tage lang waren bei allen Mahlzeiten Beratungen darüber zu hören, wie man sich jetzt verhalten solle;

Durante dos días hubo discusiones en cada comida sobre cómo comportarse ahora;

aber auch zwischen den Mahlzeiten sprach man über 1.4
das gleiche Thema, denn immer waren zumindest
zwei Familienmitglieder zu Hause, da wohl niemand
allein zu Hause bleiben wollte und man die Wohnung
doch auf keinen Fall gänzlich verlassen konnte.

pero incluso entre comidas se hablaba del mismo tema,
porque siempre había al menos dos miembros de la familia
en casa, ya que nadie quería quedarse solo en casa y era
imposible abandonar el piso por completo.

Auch hatte das Dienstmädchen gleich am ersten 1.5
Tag – es war nicht ganz klar, was und wieviel sie von
dem Vorgefallenen wußte – kniefällig die Mutter
gebeten, sie sofort zu entlassen, und als sie sich
eine Viertelstunde danach verabschiedete, dankte
sie für die Entlassung unter Tränen, wie für die
größte Wohltat, die man ihr hier erwiesen hatte,
und gab, ohne daß man es von ihr verlangte, einen
fürchterlichen Schwur ab, niemandem auch nur das
Geringste zu verraten.

Además, el primer día - no estaba muy claro qué y cuánto
sabía de lo que había pasado-, la criada le había rogado
a su madre que la despidiera de inmediato, y cuando se
despidió un cuarto de hora después, le agradeció el despido
con lágrimas, como si se tratara del mayor favor que había
recibido aquí, y, sin que se lo pidieran, hizo un terrible
juramento de no revelar a nadie lo más mínimo.

Nun mußte die Schwester im Verein mit der Mutter 2.1
auch kochen; allerdings machte das nicht viel Mühe,

Ahora la hermana tenía que cocinar junto con su madre,

denn man aß fast nichts. 2.2

pero no era mucha molestia porque no comían casi nada.

2.3 Immer wieder hörte Gregor, wie der eine den anderen vergebens zum Essen aufforderte und keine andere Antwort bekam, als:

Una y otra vez Gregor oía a una de ellas pedir en vano a la otra que comiera y no obtener más respuesta que:

2.4 »Danke, ich habe genug« oder etwas Ähnliches.

"Gracias, ya he comido bastante" o algo parecido.

2.5 Getrunken wurde vielleicht auch nichts.

Tal vez tampoco bebieran nada.

2.6 Öfters fragte die Schwester den Vater, ob er Bier haben wolle, und herzlich erbot sie sich, es selbst zu holen, und als der Vater schwieg, sagte sie, um ihm jedes Bedenken zu nehmen, sie könne auch die Hausmeisterin darum schicken, aber dann sagte der Vater schließlich ein großes

La hermana preguntaba a menudo al padre si quería cerveza, y ella se ofrecía cordialmente a traerla, y cuando el padre callaba, ella decía, para disipar su inquietud, que también podía enviar al portero a por ella, pero entonces el padre finalmente decía un gran

2.7 »Nein«, und es wurde nicht mehr davon gesprochen.

"no", y no se hablaba más del tema.

3.1 Schon im Laufe des ersten Tages legte der Vater die ganzen Vermögensverhältnisse und Aussichten sowohl der Mutter,

En el transcurso del primer día,

3.2 als auch der Schwester dar.

el padre explicó toda la situación financiera y las perspectivas tanto de la madre como de la hermana.

Hie und da stand er vom Tische auf und holte aus   3.3
seiner kleinen Wertheimkassa, die er aus dem vor
fünf Jahren erfolgten Zusammenbruch seines
Geschäftes gerettet hatte, irgendeinen Beleg oder
irgendein Vormerkbuch.

De vez en cuando se levantaba de la mesa y sacaba de su
pequeña caja Wertheim, que había salvado de la quiebra
de su negocio cinco años antes, algún recibo o libro de
contabilidad.

Man hörte, wie er das komplizierte Schloß aufsperrte   3.4
und nach Entnahme des Gesuchten wieder
verschloß.

Se le oía abrir la complicada cerradura y volver a cerrarla
después de sacar lo que buscaba.

Diese Erklärungen des Vaters waren zum Teil   3.5
das erste Erfreuliche, was Gregor seit seiner
Gefangenschaft zu hören bekam.

Estas explicaciones de su padre eran en parte lo primero
agradable que Gregor había oído desde su encarcelamiento.

Er war der Meinung gewesen, daß dem Vater   3.6
von jenem Geschäft her nicht das Geringste
übriggeblieben war, zumindest hatte ihm der Vater
nichts Gegenteiliges gesagt, und Gregor allerdings
hatte ihn auch nicht darum gefragt.

Había sido de la opinión de que su padre no se había
quedado con nada de aquel negocio, al menos su padre
no le había dicho nada en contra, y Gregor tampoco le
había preguntado al respecto.

3.7 Gregors Sorge war damals nur gewesen, alles daranzusetzen, um die Familie das geschäftliche Unglück, das alle in eine vollständige Hoffnungslosigkeit gebracht hatte, möglichst rasch vergessen zu lassen.

La única preocupación de Gregor en aquel momento había sido hacer todo lo posible para que la familia olvidara cuanto antes la desgracia empresarial que los había dejado a todos completamente desamparados.

3.8 Und so hatte er damals mit ganz besonderem Feuer zu arbeiten angefangen und war fast über Nacht aus einem kleinen Kommis ein Reisender geworden, der natürlich ganz andere Möglichkeiten des Geldverdienens hatte, und dessen Arbeitserfolge sich sofort in Form der Provision zu Bargeld verwandelten, das der erstaunten und beglückten Familie zu Hause auf den Tisch gelegt werden konnte.

Y así se había puesto a trabajar con especial entusiasmo y casi de la noche a la mañana se había convertido en un viajante de comercio, que por supuesto tenía formas completamente distintas de ganar dinero, y cuyos éxitos laborales se convertían inmediatamente en dinero en efectivo en forma de comisión, que se podía poner sobre la mesa para la asombrada y feliz familia en casa.

3.9 Es waren schöne Zeiten gewesen, und niemals nachher hatten sie sich, wenigstens in diesem Glanze, wiederholt, trotzdem Gregor später so viel Geld verdiente, daß er den Aufwand der ganzen Familie zu tragen imstande war und auch trug.

Aquellos habían sido buenos tiempos, y nunca se habían vuelto a repetir, al menos no con el mismo esplendor, a pesar de que más tarde Gregor ganó tanto dinero que pudo asumir y asumió los gastos de toda la familia.

Man hatte sich eben daran gewöhnt, sowohl 3.10
die Familie, als auch Gregor, man nahm das
Geld dankbar an, er lieferte es gern ab, aber eine
besondere Wärme wollte sich nicht mehr ergeben.

Acababan de acostumbrarse, tanto la familia como Gregor,
el dinero era aceptado con gratitud y él se complacía en
entregarlo, pero ya no había un calor especial.

Nur die Schwester war Gregor doch noch nahe 3.11
geblieben, und es war sein geheimer Plan, sie, die
zum Unterschied von Gregor Musik sehr liebte
und rührend Violine zu spielen verstand, nächstes
Jahr, ohne Rücksicht auf die großen Kosten, die das
verursachen mußte, und die man schon auf andere
Weise hereinbringen würde, auf das Konservatorium
zu schicken.

Sólo su hermana había permanecido unida a Gregor, y era
su plan secreto enviarla a ella, que, a diferencia de Gregor,
amaba mucho la música y sabía tocar muy bien el violín,
al conservatorio el año próximo, sin tener en cuenta los
grandes gastos que ello supondría, que habría que recaudar
de otras maneras.

Öfters während der kurzen Aufenthalte Gregors in 3.12
der Stadt wurde in den Gesprächen mit der Schwester
das Konservatorium erwähnt, aber immer nur als
schöner Traum, an dessen Verwirklichung nicht zu
denken war, und die Eltern hörten nicht einmal diese
unschuldigen Erwähnungen gern;

Durante las breves estancias de Gregor en la ciudad,
el conservatorio se mencionaba a menudo en las
conversaciones con su hermana, pero siempre sólo como
un hermoso sueño, en cuya realización no se debía pensar,
y a sus padres ni siquiera les gustaba oír estas inocentes
menciones;

3.13 aber Gregor dachte sehr bestimmt daran und beabsichtigte, es am Weihnachtsabend feierlich zu erklären.

pero Gregor pensaba en ello muy definitivamente y tenía la intención de declararlo solemnemente en Nochebuena.

4.1 Solche in seinem gegenwärtigen Zustand ganz nutzlose Gedanken gingen ihm durch den Kopf, während er dort aufrecht an der Türe klebte und horchte.

Tales pensamientos, bastante inútiles en su estado actual, pasaban por su mente mientras permanecía allí, pegado a la puerta, escuchando.

4.2 Manchmal konnte er vor allgemeiner Müdigkeit gar nicht mehr zuhören und ließ den Kopf nachlässig gegen die Tür schlagen, hielt ihn aber sofort wieder fest, denn selbst das kleine Geräusch, das er damit verursacht hatte, war nebenan gehört worden und hatte alle verstummen lassen.

A veces no podía escuchar en absoluto debido a su cansancio general y dejaba que su cabeza golpeara descuidadamente contra la puerta, pero inmediatamente volvía a sujetarla, porque incluso el pequeño ruido que había hecho con ella se había oído en la puerta de al lado y había silenciado a todo el mundo.

4.3 »Was er nur wieder treibt«, sagte der Vater nach einer Weile, offenbar zur Türe hingewendet, und dann erst wurde das unterbrochene Gespräch allmählich wieder aufgenommen.

"¿Qué estará tramando otra vez" dijo el padre al cabo de un rato, volviéndose obviamente hacia la puerta, y sólo entonces se reanudó gradualmente la interrumpida conversación.

Gregor erfuhr nun zur Genüge –   5.1
Gregor se enteró ahora en detalle –

denn der Vater pflegte sich in seinen Erklärungen   5.2
öfters zu wiederholen, teils, weil er selbst sich mit
diesen Dingen schon lange nicht beschäftigt hatte,
teils auch, weil die Mutter nicht alles gleich beim
ersten Mal verstand – ,
pues su padre se repetía a menudo en sus explicaciones,
en parte porque él mismo hacía mucho tiempo que no se
ocupaba de estas cosas, en parte porque su madre no lo
entendió todo la primera vez – ,

daß trotz allen Unglücks ein allerdings ganz kleines   5.3
Vermögen aus der alten Zeit noch vorhanden war, das
die nicht angerührten Zinsen in der Zwischenzeit ein
wenig hatten anwachsen lassen.
de que, a pesar de toda la desgracia, aún quedaba una muy
pequeña fortuna de los viejos tiempos, que los intereses no
tocados habían dejado crecer un poco entretanto.

Außerdem aber war das Geld,   5.4
Además,

das Gregor allmonatlich nach Hause gebracht hatte –   5.5
el dinero que Gregor había traído a casa cada mes –

er selbst hatte nur ein paar Gulden für sich   5.6
behalten – ,
sólo se había guardado unos pocos florines – ,

nicht vollständig aufgebraucht worden und hatte   5.7
sich zu einem kleinen Kapital angesammelt.
no se había gastado del todo y se había acumulado en un
pequeño capital.

5.8 **Gregor, hinter seiner Türe, nickte eifrig, erfreut über diese unerwartete Vorsicht und Sparsamkeit.**
Gregor, detrás de su puerta, asintió con entusiasmo, encantado de esta inesperada prudencia y ahorro.

5.9 **Eigentlich hätte er ja mit diesen überschüssigen Geldern die Schuld des Vaters gegenüber dem Chef weiter abgetragen haben können, und jener Tag, an dem er diesen Posten hätte loswerden können, wäre weit näher gewesen, aber jetzt war es zweifellos besser so, wie es der Vater eingerichtet hatte.**
En realidad, podría haber utilizado estos fondos sobrantes para saldar la deuda de su padre con el jefe, y el día en que hubiera podido librarse de este puesto habría estado mucho más cerca, pero ahora era indudablemente mejor la forma en que su padre lo había dispuesto.

Kapitel 10

Capítulo 10

1.1 Nun genügte dieses Geld aber ganz und gar nicht, um die Familie etwa von den Zinsen leben zu lassen;

Pero este dinero no bastaba en absoluto para que la familia pudiera vivir de los intereses;

1.2 es genügte vielleicht, um die Familie ein, höchstens zwei Jahre zu erhalten, mehr war es nicht.

quizá era suficiente para mantener a la familia durante uno o dos años como máximo, pero eso era todo.

1.3 Es war also bloß eine Summe, die man eigentlich nicht angreifen durfte, und die für den Notfall zurückgelegt werden mußte;

Era, pues, una suma de la que no se podía echar mano y que había que reservar para emergencias;

1.4 das Geld zum Leben aber mußte man verdienen.

pero el dinero para vivir había que ganarlo.

Nun war aber der Vater ein zwar gesunder, aber alter 1.5
Mann, der schon fünf Jahre nichts gearbeitet hatte
und sich jedenfalls nicht viel zutrauen durfte;
El padre era un hombre sano pero viejo, que no había
trabajado en cinco años y no podía confiar en sí mismo para
hacer mucho;

er hatte in diesen fünf Jahren, welche die ersten 1.6
Ferien seines mühevollen und doch erfolglosen
Lebens waren, viel Fett angesetzt und war dadurch
recht schwerfällig geworden.
había engordado mucho en esos cinco años, que fueron las
primeras vacaciones de su vida trabajadora y, sin embargo,
sin éxito, y se había vuelto bastante pesado como resultado.

Und die alte Mutter sollte nun vielleicht Geld 1.7
verdienen, die an Asthma litt, der eine Wanderung
durch die Wohnung schon Anstrengung verursachte,
und die jeden zweiten Tag in Atembeschwerden auf
dem Sopha beim offenen Fenster verbrachte?
Y la anciana madre, que sufría de asma, lo que le dificultaba
andar por la casa, y que se pasaba un día sí y otro también
en la sofa junto a la ventana abierta con dificultades
respiratorias, ¿acaso debía ganar dinero?

Und die Schwester sollte Geld verdienen, die noch 1.8
ein Kind war mit ihren siebzehn Jahren, und der ihre
bisherige Lebensweise so sehr zu gönnen war, die
daraus bestanden hatte, sich nett zu kleiden, lange zu
schlafen, in der Wirtschaft mitzuhelfen, an ein paar
bescheidenen Vergnügungen sich zu beteiligen und
vor allem Violine zu spielen?
¿Y que ganara dinero la hermana, que a los diecisiete años
era todavía una niña, y a la que tanto había que elogiar por
su anterior modo de vida, que había consistido en vestirse
bien, dormir hasta tarde, ayudar en casa, participar en
algunas modestas diversiones y, sobre todo, tocar el violín?

98

1.9 Wenn die Rede auf diese Notwendigkeit des Geldverdienens kam, ließ zuerst immer Gregor die Türe los und warf sich auf das neben der Tür befindliche kühle Ledersofa, denn ihm war ganz heiß vor Beschämung und Trauer.

Siempre que se mencionaba esta necesidad de ganar dinero, Gregor soltaba primero la puerta y se tiraba en el fresco sofá de cuero que había junto a la puerta, pues estaba acalorado por la vergüenza y la pena.

2.1 Oft lag er dort die ganzen langen Nächte über,

A menudo se pasaba allí toda la noche,

2.2 schlief keinen Augenblick und scharrte nur stundenlang auf dem Leder.

sin dormir ni un momento y limitándose a dar zarpazos al cuero durante horas y horas.

2.3 Oder er scheute nicht die große Mühe, einen Sessel zum Fenster zu schieben, dann die Fensterbrüstung hinaufzukriechen und, in den Sessel gestemmt, sich ans Fenster zu lehnen, offenbar nur in irgendeiner Erinnerung an das Befreiende, das früher für ihn darin gelegen war, aus dem Fenster zu schauen.

O se esforzaba por empujar un sillón hasta la ventana, luego se arrastraba por el alféizar y, apoyándose en el sillón, se apoyaba en la ventana, al parecer sólo en algún recuerdo del efecto liberador que una vez había tenido en él mirar por la ventana.

2.4 Denn tatsächlich sah er von Tag zu Tag die auch nur ein wenig entfernten Dinge immer undeutlicher;

Porque, en efecto, de un día para otro veía las cosas incluso un poco más lejos, cada vez más indistintamente;

das gegenüberliegende Krankenhaus, dessen nur 2.5
allzu häufigen Anblick er früher verflucht hatte,
bekam er überhaupt nicht mehr zu Gesicht, und
wenn er nicht genau gewußt hätte, daß er in der
stillen, aber völlig städtischen Charlottenstraße
wohnte, hätte er glauben können, von seinem
Fenster aus in eine Einöde zu schauen, in welcher der
graue Himmel und die graue Erde ununterscheidbar
sich vereinigten.

ya no veía el hospital de enfrente, cuya visión demasiado
frecuente solía maldecir, y si no hubiera sabido
exactamente que vivía en la tranquila pero completamente
urbana Charlottenstrasse, podría haber pensado que estaba
mirando por su ventana a un páramo en el que el cielo gris y
la tierra gris estaban indistintamente unidos.

Nur zweimal hatte die aufmerksame Schwester 2.6
sehen müssen, daß der Sessel beim Fenster stand,
als sie schon jedesmal, nachdem sie das Zimmer
aufgeräumt hatte, den Sessel wieder genau zum
Fenster hinschob, ja sogar von nun ab den inneren
Fensterflügel offen ließ.

Sólo dos veces había tenido que comprobar la atenta
enfermera que el sillón estaba junto a la ventana, cuando
cada vez, después de ordenar la habitación, volvía a acercar
el sillón a la ventana, dejando incluso abierta la trampilla
interior a partir de entonces.

Hätte Gregor nur mit der Schwester sprechen und 3.1
ihr für alles danken können, was sie für ihn machen
mußte, er hätte ihre Dienste leichter ertragen;

Si Gregor sólo hubiera podido hablar con la hermana
y agradecerle todo lo que había hecho por él, habría
soportado sus servicios con más facilidad;

so aber litt er darunter. 3.2

pero tal como estaban las cosas, sufrió.

100

3.3 Die Schwester suchte freilich die Peinlichkeit des Ganzen möglichst zu verwischen, und je längere Zeit verging, desto besser gelang es ihr natürlich auch, aber auch Gregor durchschaute mit der Zeit alles viel genauer.

Por supuesto, la hermana trató de difuminar lo más posible el bochorno de todo aquello, y cuanto más tiempo pasaba, mejor lo conseguía, pero Gregor también se dio cuenta de todo mucho más claramente con el tiempo.

3.4 Schon ihr Eintritt war für ihn schrecklich.

Incluso su entrada fue terrible para él.

3.5 Kaum war sie eingetreten, lief sie, ohne sich Zeit zu nehmen, die Türe zu schließen, so sehr sie sonst darauf achtete, jedem den Anblick von Gregors Zimmer zu ersparen, geradewegs zum Fenster und riß es, als ersticke sie fast, mit hastigen Händen auf, blieb auch, selbst wenn es noch so kalt war, ein Weilchen beim Fenster und atmete tief.

Apenas había entrado, corrió directamente a la ventana sin tomarse el tiempo de cerrar la puerta, por mucho cuidado que tuviera de evitar a todo el mundo la visión de la habitación de Gregor, y la abrió de un tirón como si casi se estuviera asfixiando, quedándose un rato junto a la ventana y respirando profundamente, sin importarle el frío que hacía.

3.6 Mit diesem Laufen und Lärmen erschreckte sie Gregor täglich zweimal;

Asustaba a Gregor dos veces al día con esto de correr y hacer ruido;

die ganze Zeit über zitterte er unter dem Kanapee und 3.7
wußte doch sehr gut, daß sie ihn gewiß gerne damit
verschont hätte, wenn es ihr nur möglich gewesen
wäre, sich in einem Zimmer, in dem sich Gregor
befand, bei geschlossenem Fenster aufzuhalten.
todo el tiempo estaba temblando bajo el sofá, y sin embargo
él sabía muy bien que a ella le hubiera gustado sin duda
ahorrárselo, si al menos le hubiera sido posible quedarse en
la habitación donde estaba Gregor, con la ventana cerrada.

Einmal, es war wohl schon ein Monat seit Gregors 4.1
Verwandlung vergangen, und es war doch schon für
die Schwester kein besonderer Grund mehr, über
Gregors Aussehen in Erstaunen zu geraten, kam sie
ein wenig früher als sonst und traf Gregor noch an,
wie er, unbeweglich und so recht zum Erschrecken
aufgestellt, aus dem Fenster schaute.
Una vez, probablemente había pasado un mes desde la
transformación de Gregor, y ya no había ningún motivo
especial para que la hermana se asombrara de la aparición
de Gregor, llegó un poco antes de lo habitual y encontró
a Gregor todavía mirando por la ventana, inmóvil y con
aspecto bastante asustado.

Es wäre für Gregor nicht unerwartet gewesen, wenn 4.2
sie nicht eingetreten wäre, da er sie durch seine
Stellung verhinderte, sofort das Fenster zu öffnen,
aber sie trat nicht nur nicht ein, sie fuhr sogar zurück
und schloß die Tür;
No habría sido inesperado para Gregor que ella no hubiera
entrado, ya que su posición le impedía abrir la ventana
inmediatamente, pero no sólo no entró, sino que incluso
retrocedió y cerró la puerta;

4.3 ein Fremder hätte geradezu denken können, Gregor habe ihr aufgelauert und habe sie beißen wollen.

un extraño podría haber pensado que Gregor la había emboscado y quería morderla.

4.4 Gregor versteckte sich natürlich sofort unter dem Kanapee, aber er mußte bis zum Mittag warten, ehe die Schwester wiederkam, und sie schien viel unruhiger als sonst.

Gregor, por supuesto, se escondió inmediatamente bajo el canapé, pero tuvo que esperar hasta el mediodía para que volviera la enfermera, que parecía mucho más inquieta que de costumbre.

4.5 Er erkannte daraus, daß ihr sein Anblick noch immer unerträglich war und ihr auch weiterhin unerträglich bleiben müsse, und daß sie sich wohl sehr überwinden mußte, vor dem Anblick auch nur der kleinen Partie seines Körpers nicht davonzulaufen, mit der er unter dem Kanapee hervorragte.

Se dio cuenta de que la visión de él seguía siendo insoportable para ella y debía seguir siéndolo, y que tendría que hacer un gran esfuerzo para no huir al ver siquiera la pequeña parte de su cuerpo que sobresalía de debajo del sofá.

4.6 Um ihr auch diesen Anblick zu ersparen,

Para evitarle también esta visión,

4.7 trug er eines Tages auf seinem Rücken –

un día se cargó la sábana a la espalda –

4.8 er brauchte zu dieser Arbeit vier Stunden –

le llevó cuatro horas hacer este trabajo –

103

das Leintuch auf das Kanapee und ordnete es in einer 4.9
solchen Weise an, daß er nun gänzlich verdeckt war,
und daß die Schwester, selbst wenn sie sich bückte,
ihn nicht sehen konnte.

y la colocó de tal manera que ahora estaba completamente
cubierto y la enfermera, incluso cuando se agachaba, no
podía verlo.

Wäre dieses Leintuch ihrer Meinung nach nicht nötig 4.10
gewesen, dann hätte sie es ja entfernen können, denn
daß es nicht zum Vergnügen Gregors gehören konnte,
sich so ganz und gar abzusperren, war doch klar
genug, aber sie ließ das Leintuch, so wie es war, und
Gregor glaubte sogar einen dankbaren Blick erhascht
zu haben, als er einmal mit dem Kopf vorsichtig das
Leintuch ein wenig lüftete, um nachzusehen, wie die
Schwester die neue Einrichtung aufnahm.

Si, en su opinión, esta sábana no hubiera sido necesaria,
ella podría haberla quitado, pues estaba suficientemente
claro que no podía formar parte del placer de Gregor
encerrarse tan completamente, pero ella dejó la sábana
como estaba, y Gregor incluso creyó captar una mirada de
agradecimiento cuando una vez levantó cuidadosamente
la sábana un poco con la cabeza para ver cómo tomaba la
enfermera la nueva disposición.

5.1 In den ersten vierzehn Tagen konnten es die Eltern nicht über sich bringen, zu ihm hereinzukommen, und er hörte oft, wie sie die jetzige Arbeit der Schwester völlig erkannten, während sie sich bisher häufig über die Schwester geärgert hatten, weil sie ihnen als ein etwas nutzloses Mädchen erschienen war.

Durante los primeros quince días, los padres no se atrevían a entrar a verlo, y a menudo les oía reconocer plenamente el trabajo actual de la hermana, mientras que antes se habían molestado a menudo con la hermana porque les había parecido una niña un tanto inútil.

5.2 Nun aber warteten oft beide, der Vater und die Mutter, vor Gregors Zimmer, während die Schwester dort aufräumte, und kaum war sie herausgekommen, mußte sie ganz genau erzählen, wie es in dem Zimmer aussah, was Gregor gegessen hatte, wie er sich diesmal benommen hatte, und ob vielleicht eine kleine Besserung zu bemerken war.

Ahora, sin embargo, tanto el padre como la madre esperaban a menudo fuera de la habitación de Gregor mientras la hermana ordenaba, y en cuanto salía tenía que contarles exactamente cómo había quedado la habitación, qué había comido Gregor, cómo se había comportado esta vez y si tal vez había habido una ligera mejoría.

5.3 Die Mutter übrigens wollte verhältnismäßig bald Gregor besuchen, aber der Vater und die Schwester hielten sie zuerst mit Vernunftgründen zurück, denen Gregor sehr aufmerksam zuhörte, und die er vollständig billigte.

Por cierto, la madre quería visitar a Gregor relativamente pronto, pero el padre y la hermana la retuvieron al principio con razones de peso, que Gregor escuchó con mucha atención y que aprobó plenamente.

Später aber mußte man sie mit Gewalt zurückhalten, und wenn sie dann rief: 5.4
Más tarde, sin embargo, tuvieron que retenerla por la fuerza, y cuando ella gritó:

»Laßt mich doch zu Gregor, 5.5
"¡Dejadme ver a Gregor,

er ist ja mein unglücklicher Sohn! 5.6
es mi infeliz hijo!

Begreift ihr es denn nicht, daß ich zu ihm muß?«, 5.7
¿No te das cuenta de que tengo que verle?",

dann dachte Gregor, daß es vielleicht doch gut wäre, wenn die Mutter hereinkäme, nicht jeden Tag natürlich, aber vielleicht einmal in der Woche; 5.8
Gregor pensó que tal vez sería bueno que su madre viniera, no todos los días, por supuesto, sino quizá una vez a la semana;

sie verstand doch alles viel besser als die Schwester, 5.9
ella lo entendía todo mucho mejor que su hermana,

die trotz all ihrem Mute doch nur ein Kind war und im letzten Grunde vielleicht nur aus kindlichem Leichtsinn eine so schwere Aufgabe übernommen hatte. 5.10
que a pesar de todo su valor no era más que una niña después de todo y tal vez sólo había aceptado una tarea tan difícil por imprudencia infantil.

Kapitel 11

Capítulo 11

1.1 Der Wunsch Gregors, die Mutter zu sehen, ging bald in Erfüllung.

El deseo de Gregor de ver a su madre se cumplió pronto.

1.2 Während des Tages wollte Gregor schon aus Rücksicht auf seine Eltern sich nicht beim Fenster zeigen, kriechen konnte er aber auf den paar Quadratmetern des Fußbodens auch nicht viel, das ruhige Liegen ertrug er schon während der Nacht schwer, das Essen machte ihm bald nicht mehr das geringste Vergnügen, und so nahm er zur Zerstreuung die Gewohnheit an, kreuz und quer über Wände und Plafond zu kriechen.

Durante el día Gregor no quería asomarse a la ventana por consideración a sus padres, pero tampoco podía arrastrarse mucho por los escasos metros cuadrados del suelo, le costaba tumbarse tranquilamente durante la noche, comer pronto ya no le producía el menor placer, así que adoptó la costumbre de arrastrarse por todas las paredes y el techo para distraerse.

1.3 Besonders oben auf der Decke hing er gern;

Le gustaba especialmente colgarse del techo;

es war ganz anders, als das Liegen auf dem Fußboden; 1.4
era muy distinto de estar tumbado en el suelo;

man atmete freier; 1.5
se respiraba más libremente;

ein leichtes Schwingen ging durch den Körper; 1.6
un ligero balanceo recorría el cuerpo;

und in der fast glücklichen Zerstreutheit, in der sich 1.7
Gregor dort oben befand, konnte es geschehen, daß
er zu seiner eigenen Überraschung sich losließ und
auf den Boden klatschte.
y en el casi feliz despiste en que Gregor se encontraba
allí arriba, podía ocurrir que, para su propia sorpresa, se
soltara y diera una palmada en el suelo.

Aber nun hatte er natürlich seinen Körper ganz 1.8
anders in der Gewalt als früher und beschädigte
sich selbst bei einem so großen Falle nicht.
Pero ahora, por supuesto, tenía un agarre del cuerpo
completamente distinto al de antes y no se hizo daño ni
siquiera en una caída tan grande.

Die Schwester nun bemerkte sofort die neue 1.9
Unterhaltung, die Gregor für sich gefunden hatte –
La enfermera se dio cuenta enseguida del nuevo
entretenimiento que Gregor había encontrado para sí
mismo –

er hinterließ ja auch beim Kriechen hie und da 1.10
Spuren seines Klebstoffes – ,
dejaba huellas de su pegamento aquí y allá mientras
gateaba –

1.11 und da setzte sie es sich in den Kopf, Gregor das Kriechen in größtem Ausmaße zu ermöglichen und die Möbel, die es verhinderten, also vor allem den Kasten und den Schreibtisch, wegzuschaffen.

y entonces se le ocurrió permitirle a Gregor gatear en la mayor medida posible y retirar los muebles que se lo impedían, sobre todo la caja y el escritorio.

2.1 Nun war sie aber nicht imstande, dies allein zu tun;

Pero ahora era incapaz de hacerlo sola;

2.2 den Vater wagte sie nicht um Hilfe zu bitten;

no se atrevía a pedir ayuda a su padre;

2.3 das Dienstmädchen hätte ihr ganz gewiß nicht geholfen, denn dieses etwa sechzehnjährige Mädchen harrte zwar tapfer seit Entlassung der früheren Köchin aus, hatte aber um die Vergünstigung gebeten, die Küche unaufhörlich versperrt halten zu dürfen und nur auf besonderen Anruf öffnen zu müssen;

la criada, desde luego, no la habría ayudado, pues esta muchacha, de unos dieciséis años, había resistido valientemente desde el despido de la anterior cocinera, pero había pedido el favor de que se le permitiera tener la cocina permanentemente cerrada y sólo tener que abrirla en caso de llamada especial;

2.4 so blieb der Schwester also nichts übrig, als einmal in Abwesenheit des Vaters die Mutter zu holen.

así que la hermana no tuvo más remedio que ir a buscar a su madre una vez en ausencia de su padre.

Mit Ausrufen erregter Freude kam die Mutter auch heran, verstummte aber an der Tür vor Gregors Zimmer. 2.5

Con exclamaciones de excitada alegría, la madre también se acercó, pero se calló ante la puerta de la habitación de Gregor.

Zuerst sah natürlich die Schwester nach, ob alles im Zimmer in Ordnung war; 2.6

Primero, por supuesto, la hermana comprobó que todo estaba bien en la habitación;

dann erst ließ sie die Mutter eintreten. 2.7

sólo entonces permitió entrar a la madre.

Gregor hatte in größter Eile das Leintuch noch tiefer und mehr in Falten gezogen, das Ganze sah wirklich nur wie ein zufällig über das Kanapee geworfenes Leintuch aus. 2.8

Gregor había doblado cada vez más la sábana con mucha prisa; todo parecía realmente una sábana tirada al azar sobre el sofá.

Gregor unterließ auch diesmal, unter dem Leintuch zu spionieren; 2.9

También esta vez Gregor se abstuvo de espiar bajo la sábana;

er verzichtete darauf, die Mutter schon diesmal zu sehen, und war nur froh, daß sie nun doch gekommen war. 2.10

se abstuvo de ver a su madre esta vez y sólo se alegró de que hubiera venido después de todo.

2.11 »Komm nur, man sieht ihn nicht«, sagte die Schwester, und offenbar führte sie die Mutter an der Hand.

"Vamos, no puedes verlo", dijo su hermana, y obviamente llevaba a su madre de la mano.

2.12 Gregor hörte nun, wie die zwei schwachen Frauen den immerhin schweren alten Kasten von seinem Platze rückten, und wie die Schwester immerfort den größten Teil der Arbeit für sich beanspruchte, ohne auf die Warnungen der Mutter zu hören, welche fürchtete, daß sie sich überanstrengen werde.

Gregor oyó ahora cómo las dos débiles mujeres movían la pesada y vieja caja de su sitio, y cómo la hermana seguía haciendo ella sola la mayor parte del trabajo, sin escuchar las advertencias de su madre, que temía que se esforzara demasiado.

2.13 Es dauerte sehr lange.

Tardó mucho tiempo.

2.14 Wohl nach schon viertelstündiger Arbeit sagte die Mutter, man solle den Kasten doch lieber hier lassen, denn erstens sei er zu schwer, sie würden vor Ankunft des Vaters nicht fertig werden und mit dem Kasten in der Mitte des Zimmers Gregor jeden Weg verrammeln, zweitens aber sei es doch gar nicht sicher, daß Gregor mit der Entfernung der Möbel ein Gefallen geschehe.

Después de un cuarto de hora de trabajo, la madre dijo que sería mejor dejar la caja aquí porque, en primer lugar, era demasiado pesada, no terminarían antes de que llegara el padre y le bloquearía el paso a Gregor con la caja en medio de la habitación, y en segundo lugar, no era nada seguro que Gregor se hiciera un favor quitando los muebles.

2.15 Ihr scheine das Gegenteil der Fall zu sein;

A ella le parecía todo lo contrario;

111

ihr bedrücke der Anblick der leeren Wand geradezu das Herz; 2.16

la vista de la pared vacía le hacía doler el corazón;

und warum solle nicht auch Gregor diese Empfindung haben, da er doch an die Zimmermöbel längst gewöhnt sei und sich deshalb im leeren Zimmer verlassen fühlen werde. 2.17

y por qué no iba a sentir Gregor lo mismo, ya que hacía tiempo que se había acostumbrado a los muebles y, por lo tanto, se sentiría abandonado en la habitación vacía.

»Und ist es dann nicht so«, schloß die Mutter ganz leise, wie sie überhaupt fast flüsterte, als wolle sie vermeiden, daß Gregor, dessen genauen Aufenthalt sie ja nicht kannte, auch nur den Klang der Stimme höre, denn daß er die Worte nicht verstand, davon war sie überzeugt, »und ist es nicht so, als ob wir durch die Entfernung der Möbel zeigten, daß wir jede Hoffnung auf Besserung aufgeben und ihn rücksichtslos sich selbst überlassen? 3.1

"Y entonces, ¿no es como si - concluyó su madre en voz muy baja, casi susurrando, como si quisiera evitar que Gregor, cuyo paradero exacto desconocía, oyera siquiera el sonido de su voz, pues estaba convencida de que él no entendía las palabras-, y no es como si al quitar los muebles demostráramos que renunciamos a toda esperanza de mejora y le abandonáramos a su suerte?

112

3.2 Ich glaube, es wäre das beste, wir suchen das Zimmer genau in dem Zustand zu erhalten, in dem es früher war, damit Gregor, wenn er wieder zu uns zurückkommt, alles unverändert findet und umso leichter die Zwischenzeit vergessen kann.«

Creo que sería mejor que nos esforzáramos por mantener la habitación exactamente como estaba antes, de modo que cuando Gregor vuelva con nosotros lo encuentre todo sin cambios y pueda olvidar el período transcurrido con mayor facilidad."

4.1 Beim Anhören dieser Worte der Mutter erkannte Gregor, daß der Mangel jeder unmittelbaren menschlichen Ansprache, verbunden mit dem einförmigen Leben inmitten der Familie, im Laufe dieser zwei Monate seinen Verstand hatte verwirren müssen, denn anders konnte er es sich nicht erklären, daß er ernsthaft danach hatte verlangen könne, daß sein Zimmer ausgeleert würde.

Al escuchar las palabras de su madre, Gregor se dio cuenta de que la falta de todo contacto humano directo, unida a la monótona vida en medio de la familia, debían de haber confundido su mente durante esos dos meses, pues de otro modo no podía explicarse por qué podía desear seriamente que se vaciara su habitación.

Hatte er wirklich Lust, das warme, mit ererbten 4.2
Möbeln gemütlich ausgestattete Zimmer in
eine Höhle verwandeln zu lassen, in der er dann
freilich nach allen Richtungen ungestört würde
kriechen können, jedoch auch unter gleichzeitigem
schnellen, gänzlichen Vergessen seiner menschlichen
Vergangenheit?

¿Realmente le apetecía que la cálida habitación,
cómodamente amueblada con muebles heredados, se
convirtiera en una cueva, en la que entonces podría
arrastrarse sin ser molestado en todas direcciones, pero al
mismo tiempo olvidar rápida y completamente su pasado
humano?

War er doch jetzt schon nahe daran, zu vergessen, 4.3
und nur die seit langem nicht gehörte Stimme der
Mutter hatte ihn aufgerüttelt.

Ya estaba a punto de olvidar, y sólo la voz de su madre,
inaudita durante mucho tiempo, le había sacudido.

Nichts sollte entfernt werden; alles mußte bleiben; 4.4

No había que quitar nada; todo debía permanecer;

die guten Einwirkungen der Möbel auf seinen 4.5
Zustand konnte er nicht entbehren;

no podía prescindir de los buenos efectos de los muebles
sobre su estado;

und wenn die Möbel ihn hinderten, das sinnlose 4.6
Herumkriechen zu betreiben, so war es kein Schaden,
sondern ein großer Vorteil.

y si los muebles le impedían arrastrarse sin sentido, no era
ningún mal, sino una gran ventaja.

Aber die Schwester war leider anderer Meinung; 5.1

Pero la hermana era, desgraciadamente, de otra opinión;

114

5.2 sie hatte sich, allerdings nicht ganz unberechtigt, angewöhnt, bei Besprechung der Angelegenheiten Gregors als besonders Sachverständige gegenüber den Eltern aufzutreten, und so war auch jetzt der Rat der Mutter für die Schwester Grund genug, auf der Entfernung nicht nur des Kastens und des Schreibtisches, an die sie zuerst allein gedacht hatte, sondern auf der Entfernung sämtlicher Möbel, mit Ausnahme des unentbehrlichen Kanapees, zu bestehen.

había adquirido la costumbre, no del todo injustificada, de actuar como experta especial de los padres cuando se discutían los asuntos de Gregor, de modo que el consejo de la madre era ahora razón suficiente para que la hermana insistiera no sólo en la retirada de la caja y el escritorio, que en un principio se le habían ocurrido a ella sola, sino en la retirada de todos los muebles, con excepción del indispensable canapé.

5.3 Es war natürlich nicht nur kindlicher Trotz und das in der letzten Zeit so unerwartet und schwer erworbene Selbstvertrauen,

Por supuesto,

5.4 das sie zu dieser Forderung bestimmte;

no era sólo el desafío infantil y la confianza en sí misma adquirida tan inesperadamente y con tanta dificultad en los últimos tiempos lo que la determinaba a hacer esta exigencia;

5.5 sie hatte doch auch tatsächlich beobachtet, daß Gregor viel Raum zum Kriechen brauchte, dagegen die Möbel, soweit man sehen konnte, nicht im geringsten benützte.

en realidad había observado que Gregor necesitaba mucho espacio para gatear, pero no utilizaba los muebles en lo más mínimo por lo que se veía.

Vielleicht aber spielte auch der schwärmerische
Sinn der Mädchen ihres Alters mit, der bei jeder
Gelegenheit seine Befriedigung sucht, und durch den
Grete jetzt sich dazu verlocken ließ, die Lage Gregors
noch schreckenerregender machen zu wollen,
um dann noch mehr als bis jetzt für ihn leisten zu
können.

6.1

Pero tal vez fuera también el arrebatador sentido de las
niñas de su edad, que busca satisfacción en cualquier
oportunidad, y que ahora tentaba a Grete a querer hacer
aún más aterradora la situación de Gregor para poder hacer
por él aún más que antes.

Denn in einen Raum, in dem Gregor ganz allein die
leeren Wände beherrschte, würde wohl kein Mensch
außer Grete jemals einzutreten sich getrauen.

6.2

Porque nadie, salvo Grete, se atrevería a entrar en una
habitación en la que sólo Gregor dominara las paredes
vacías.

Und so ließ sie sich von ihrem Entschlusse durch
die Mutter nicht abbringen, die auch in diesem
Zimmer vor lauter Unruhe unsicher schien, bald
verstummte und der Schwester nach Kräften beim
Hinausschaffen des Kastens half.

6.3

Y así no la disuadió de su decisión su madre, que también
parecía insegura de sí misma en esta habitación por su
inquietud, pronto se calló y ayudó a su hermana como pudo
a sacar la caja.

Nun, den Kasten konnte Gregor im Notfall noch
entbehren, aber schon der Schreibtisch mußte
bleiben.

6.4

Bueno, Gregor podía prescindir de la caja en caso de
emergencia, pero el escritorio tenía que quedarse.

6.5 Und kaum hatten die Frauen mit dem Kasten, an den sie sich ächzend drückten, das Zimmer verlassen, als Gregor den Kopf unter dem Kanapee hervorstieß, um zu sehen, wie er vorsichtig und möglichst rücksichtsvoll eingreifen könnte.

Y apenas habían salido las mujeres de la habitación con la caja, ante lo cual gimieron, cuando Gregor asomó la cabeza por debajo del canapé para ver cómo podía intervenir con cuidado y la mayor consideración posible.

6.6 Aber zum Unglück war es gerade die Mutter, welche zuerst zurückkehrte, während Grete im Nebenzimmer den Kasten umfangen hielt und ihn allein hin und her schwang, ohne ihn natürlich von der Stelle zu bringen.

Pero, por desgracia, fue su madre quien regresó primero, mientras Grete sostenía la caja en la habitación contigua y la balanceaba de un lado a otro sin, por supuesto, moverla.

6.7 Die Mutter aber war Gregors Anblick nicht gewöhnt, er hätte sie krank machen können, und so eilte Gregor erschrocken im Rückwärtslauf bis an das andere Ende des Kanapees, konnte es aber nicht mehr verhindern, daß das Leintuch vorne ein wenig sich bewegte.

Pero la madre no estaba acostumbrada a la visión de Gregor, podría haberle sentado mal, y entonces Gregor, asustado, se precipitó hacia atrás, hacia el otro extremo del canapé, pero ya no pudo evitar que la sábana de delante se moviera un poco.

6.8 Das genügte, um die Mutter aufmerksam zu machen. Sie stockte,

Eso bastó para alertar a su madre. Ella se detuvo,

stand einen Augenblick still und ging dann zu Grete zurück. 6.9

se quedó quieta un momento y luego volvió junto a Grete.

Kapitel 12

Capítulo 12

1.1 Trotzdem sich Gregor immer wieder sagte, daß ja nichts Außergewöhnliches geschehe, sondern nur ein paar Möbel umgestellt würden, wirkte doch, wie er sich bald eingestehen mußte, dieses Hin - und Hergehen der Frauen, ihre kleinen Zurufe, das Kratzen der Möbel auf dem Boden, wie ein großer, von allen Seiten genährter Trubel auf ihn, und er mußte sich, so fest er Kopf und Beine an sich zog und den Leib bis an den Boden drückte, unweigerlich sagen, daß er das Ganze nicht lange aushalten werde.

Aunque Gregor se repetía a sí mismo que no ocurría nada extraordinario, que sólo movían unos pocos muebles, el ir y venir de las mujeres, sus pequeños gritos, el rascar de los muebles en el suelo, tenían, como pronto tuvo que admitir, el efecto sobre él de una gran conmoción, avivada desde todas partes, y por más que apretara la cabeza y las piernas contra sí y apretara el cuerpo contra el suelo, no podía evitar decir que no sería capaz de soportarlo todo por mucho tiempo.

1.2 Sie räumten ihm sein Zimmer aus;

Despejaron su habitación;

119

nahmen ihm alles, was ihm lieb war; 1.3
se llevaron todo lo que le era querido;

den Kasten, in dem die Laubsäge und andere 1.4
Werkzeuge lagen, hatten sie schon hinausgetragen;
ya se habían llevado la caja que contenía la sierra de calar y
otras herramientas;

lockerten jetzt den schon im Boden fest 1.5
eingegrabenen Schreibtisch, an dem er als
Handelsakademiker, als Bürgerschüler, ja sogar
schon als Volksschüler seine Aufgaben geschrieben
hatte, –
Soltaron el escritorio, que ya estaba firmemente clavado en
el suelo y en el que había escrito sus tareas como estudiante
de empresariales, como estudiante de secundaria, incluso
como estudiante de primaria –

da hatte er wirklich keine Zeit mehr, die guten 1.6
Absichten zu prüfen, welche die zwei Frauen hatten,
deren Existenz er übrigens fast vergessen hatte, denn
vor Erschöpfung arbeiteten sie schon stumm, und
man hörte nur das schwere Tappen ihrer Füße.
en realidad, ya no tenía tiempo para examinar las buenas
intenciones de las dos mujeres, cuya existencia casi había
olvidado, por cierto, porque ya estaban trabajando en
silencio por agotamiento, y lo único que se oía era el pesado
golpeteo de sus pies.

2.1 Und so brach er denn hervor – die Frauen stützten sich gerade im Nebenzimmer an den Schreibtisch, um ein wenig zu verschnaufen –, wechselte viermal die Richtung des Laufes, er wußte wirklich nicht, was er zuerst retten sollte, da sah er an der im übrigen schon leeren Wand auffallend das Bild der in lauter Pelzwerk gekleideten Dame hängen, kroch eilends hinauf und preßte sich an das Glas, das ihn festhielt und seinem heißen Bauch wohltat.

Y así estalló - las mujeres se apoyaban en el escritorio de la habitación contigua para recuperar el aliento-, cambió de dirección cuatro veces, realmente no sabía qué debía salvar primero, cuando vio el cuadro de la dama vestida de pieles colgando llamativamente en la pared, por lo demás ya vacía, se arrastró a toda prisa y se apretó contra el cristal, que lo mantuvo en su sitio y le sentó bien a su vientre caliente.

2.2 Dieses Bild wenigstens, das Gregor jetzt ganz verdeckte, würde nun gewiß niemand wegnehmen.

Al menos este cuadro, que ahora Gregor tapaba por completo, seguro que no se lo llevarían.

2.3 Er verdrehte den Kopf nach der Tür des Wohnzimmers, um die Frauen bei ihrer Rückkehr zu beobachten.

Volvió la cabeza hacia la puerta del salón para ver regresar a las mujeres.

3.1 Sie hatten sich nicht viel Ruhe gegönnt und kamen schon wieder;

No se habían permitido mucho descanso y ya estaban volviendo;

3.2 Grete hatte den Arm um die Mutter gelegt und trug sie fast.

Grete tenía el brazo alrededor de su madre y casi la llevaba en brazos.

»Also was nehmen wir jetzt?«, 3.3
"¿Y qué vamos a hacer ahora?",

sagte Grete und sah sich um. 3.4
dijo Grete, mirando a su alrededor.

Da kreuzten sich ihre Blicke mit denen Gregors an der 3.5
Wand.
Sus ojos se cruzaron con los de Gregor en la pared.

Wohl nur infolge der Gegenwart der Mutter behielt 3.6
sie ihre Fassung, beugte ihr Gesicht zur Mutter, um
diese vom Herumschauen abzuhalten, und sagte,
allerdings zitternd und unüberlegt:
Probablemente sólo gracias a la presencia de su madre
mantuvo la compostura, inclinó la cara hacia su madre
para que dejara de mirar a su alrededor y dijo, aunque
temblorosa y sin pensar:

»Komm, 3.7
"Vamos,

wollen wir nicht lieber auf einen Augenblick noch ins 3.8
Wohnzimmer zurückgehen?«
¿no preferimos volver un momento al salón?"

Die Absicht Gretes war für Gregor klar, 3.9
La intención de Grete estaba clara para Gregor,

sie wollte die Mutter in Sicherheit bringen und dann 3.10
ihn von der Wand hinunterjagen.
quería poner a su madre a salvo y luego perseguirle por la
pared.

Nun, sie konnte es ja immerhin versuchen! 3.11
Bueno, ¡al menos podía intentarlo!

3.12 **Er saß auf seinem Bild und gab es nicht her.**
Se sentó en su cuadro y no se dio por vencido.

3.13 **Lieber würde er Grete ins Gesicht springen.**
Prefería saltar a la cara de Grete.

4.1 **Aber Gretes Worte hatten die Mutter erst recht beunruhigt, sie trat zur Seite, erblickte den riesigen braunen Fleck auf der geblümten Tapete, rief, ehe ihr eigentlich zum Bewußtsein kam, daß das Gregor war, was sie sah, mit schreiender, rauher Stimme:**
Pero las palabras de Grete habían alarmado aún más a su madre; se hizo a un lado, vio la enorme mancha marrón en el papel pintado floreado y, antes de darse cuenta de que era Gregor a quien veía, gritó con voz chillona y áspera:

4.2 **»Ach Gott, ach Gott!«**
"¡Oh Dios, oh Dios!"

4.3 **und fiel mit ausgebreiteten Armen, als gebe sie alles auf, über das Kanapee hin und rührte sich nicht.**
y cayó sobre el sofá con los brazos extendidos como si lo hubiera dado todo por perdido, y no se movió.

4.4 **»Du, Gregor!«**
"¡Tú, Gregor!"

4.5 **rief die Schwester mit erhobener Faust und eindringlichen Blicken.**
gritó la enfermera con el puño en alto y una mirada penetrante.

4.6 **Es waren seit der Verwandlung die ersten Worte, die sie unmittelbar an ihn gerichtet hatte.**
Eran las primeras palabras que le dirigía directamente desde la transformación.

Sie lief ins Nebenzimmer, um irgendeine Essenz zu 4.7
holen, mit der sie die Mutter aus ihrer Ohnmacht
wecken könnte;
Corrió a la habitación contigua a buscar alguna esencia con
la que pudiera despertar a su madre de su desmayo;

Gregor wollte auch helfen – zur Rettung des Bildes 4.8
war noch Zeit – ,
Gregor también quiso ayudar - todavía había tiempo de
salvar el cuadro-,

er klebte aber fest an dem Glas und mußte sich mit 4.9
Gewalt losreißen;
pero se aferró firmemente al cristal y tuvo que arrancarse a
la fuerza;

er lief dann auch ins Nebenzimmer, als könne er der 4.10
Schwester irgendeinen Rat geben, wie in früherer
Zeit;
luego corrió también a la habitación contigua, como si
pudiera dar algún consejo a la hermana, como en otros
tiempos;

mußte dann aber untätig hinter ihr stehen; 4.11
pero después tuvo que quedarse de brazos cruzados detrás
de ella;

während sie in verschiedenen Fläschchen kramte, 4.12
erschreckte sie noch, als sie sich umdrehte;
Mientras rebuscaba en varias botellas, se sobresaltó al
darse la vuelta;

eine Flasche fiel auf den Boden und zerbrach; 4.13
una botella cayó al suelo y se rompió;

ein Splitter verletzte Gregor im Gesicht, 4.14
una astilla hirió la cara de Gregor,

4.15 irgendeine ätzende Medizin umfloß ihn;
un poco de medicina corrosiva lo inundó;

4.16 Grete nahm nun, ohne sich länger aufzuhalten, soviel Fläschchen, als sie nur halten konnte, und rannte mit ihnen zur Mutter hinein;
Grete cogió ahora todas las botellas que pudo, sin demorarse más, y entró corriendo con ellas a casa de su madre;

4.17 die Tür schlug sie mit dem Fuße zu.
cerró la puerta con el pie.

4.18 Gregor war nun von der Mutter abgeschlossen,
Gregor estaba ahora alejado de su madre,

4.19 die durch seine Schuld vielleicht dem Tod nahe war;
que tal vez estaba a punto de morir por su culpa;

4.20 die Tür durfte er nicht öffnen, wollte er die Schwester, die bei der Mutter bleiben mußte, nicht verjagen;
no se le permitía abrir la puerta si no quería ahuyentar a su hermana, que tenía que quedarse con su madre;

4.21 er hatte jetzt nichts zu tun, als zu warten;
ya no tenía otra cosa que hacer que esperar;

und von Selbstvorwürfen und Besorgnis bedrängt, 4.22
begann er zu kriechen, überkroch alles, Wände,
Möbel und Zimmerdecke und fiel endlich in seiner
Verzweiflung, als sich das ganze Zimmer schon um
ihn zu drehen anfing, mitten auf den großen Tisch.
y oprimido por los autorreproches y la aprensión, empezó a
arrastrarse, se arrastró por todo, paredes, muebles y techo,
y al fin, en su desesperación, cuando toda la habitación
empezaba ya a girar a su alrededor, cayó en medio de la
gran mesa.

Es verging eine kleine Weile, Gregor lag matt da, 5.1
ringsherum war es still, vielleicht war das ein gutes
Zeichen.
Pasó un rato, Gregor yacía allí lánguidamente, todo estaba
tranquilo, tal vez eso fuera una buena señal.

Da läutete es. 5.2
Entonces sonó el timbre.

Das Mädchen war natürlich in ihrer Küche 5.3
eingesperrt und Grete mußte daher öffnen gehen.
La chica estaba encerrada en la cocina, por supuesto, así
que Grete tuvo que ir a abrir la puerta.

Der Vater war gekommen. »Was ist geschehen?« 5.4
Su padre había llegado. "¿Qué ha pasado?"

waren seine ersten Worte; 5.5
fueron sus primeras palabras;

Gretes Aussehen hatte ihm wohl alles verraten. 5.6
el aspecto de Grete probablemente se lo había dicho todo.

Grete antwortete mit dumpfer Stimme, 5.7
Grete respondió con voz apagada,

126

5.8 offenbar drückte sie ihr Gesicht an des Vaters Brust:
obviamente apretando la cara contra el pecho de su padre:

5.9 »Die Mutter war ohnmächtig, aber es geht ihr schon besser.
"Mamá se ha desmayado, pero ya está mejor.

5.10 Gregor ist ausgebrochen.«
Gregor ha estallado."

5.11 »Ich habe es ja erwartet«, sagte der Vater,
"Me lo esperaba", dijo el padre,

5.12 »ich habe es euch ja immer gesagt,
"siempre os lo he dicho,

5.13 aber ihr Frauen wollt nicht hören.«
pero las mujeres no escucháis."

6.1 Gregor war es klar, daß der Vater Gretes allzu kurze Mitteilung schlecht gedeutet hatte und annahm, daß Gregor sich irgendeine Gewalttat habe zuschulden kommen lassen.
Gregor tenía claro que su padre había malinterpretado el escueto mensaje de Grete y había supuesto que Gregor había cometido algún tipo de delito violento.

6.2 Deshalb mußte Gregor den Vater jetzt zu besänftigen suchen, denn ihn aufzuklären hatte er weder Zeit noch Möglichkeit.
Por lo tanto, Gregor tenía que intentar apaciguar a su padre ahora, ya que no tenía ni tiempo ni oportunidad de aclararle las cosas.

Und so flüchtete er sich zur Tür seines Zimmers 6.3
und drückte sich an sie, damit der Vater beim
Eintritt vom Vorzimmer her gleich sehen könne, daß
Gregor die beste Absicht habe, sofort in sein Zimmer
zurückzukehren, und daß es nicht nötig sei, ihn
zurückzutreiben, sondern daß man nur die Tür zu
öffnen brauche, und gleich werde er verschwinden.

Así pues, huyó hasta la puerta de su habitación y se
apretó contra ella, de modo que su padre pudo ver desde
la antesala, nada más entrar, que Gregor tenía la mejor
intención de regresar a su cuarto inmediatamente, y que no
era necesario hacerle volver, sino que bastaba con abrir la
puerta para que desapareciera en seguida.

Aber der Vater war nicht in der Stimmung, solche 7.1
Feinheiten zu bemerken;

Pero el padre no estaba de humor para fijarse en tales
sutilezas;

»Ah!« rief er gleich beim Eintritt in einem Tone, 7.2

"¡Ah!" exclamó nada más entrar,

als sei er gleichzeitig wütend und froh. 7.3

en un tono como si estuviera enfadado y contento al mismo
tiempo.

Gregor zog den Kopf von der Tür zurück und hob ihn 7.4
gegen den Vater.

Gregor apartó la cabeza de la puerta y la levantó hacia su
padre.

So hatte er sich den Vater wirklich nicht vorgestellt, 7.5
wie er jetzt dastand;

Realmente no se había imaginado a su padre tal y como
estaba ahora;

128

7.6 allerdings hatte er in der letzten Zeit über dem neuartigen Herumkriechen versäumt, sich so wie früher um die Vorgänge in der übrigen Wohnung zu kümmern, und hätte eigentlich darauf gefaßt sein müssen, veränderte Verhältnisse anzutreffen.

sin embargo, había descuidado prestar atención a lo que ocurría en el resto del piso en los últimos tiempos debido a su recién estrenado gateo, y en realidad debería haber estado preparado para encontrarse con circunstancias cambiadas.

7.7 Trotzdem, trotzdem, war das noch der Vater?

Sin embargo, a pesar de todo, ¿seguía siendo el padre?

7.8 Der gleiche Mann, der müde im Bett vergraben lag, wenn früher Gregor zu einer Geschäftsreise ausgerückt war;

El mismo hombre que solía yacer enterrado en la cama, cansado, cuando Gregor había salido en viaje de negocios;

7.9 der ihn an Abenden der Heimkehr im Schlafrock im Lehnstuhl empfangen hatte;

que lo había recibido en bata en el sillón las tardes que volvía a casa;

7.10 gar nicht recht imstande war,

que en realidad no era capaz de levantarse,

7.11 aufzustehen,

sino que se había limitado a alzar los brazos en señal de alegría,

7.12 sondern zum Zeichen der Freude nur die Arme gehoben hatte,

y que,

und der bei den seltenen gemeinsamen Spaziergängen an ein paar Sonntagen im Jahr und an den höchsten Feiertagen zwischen Gregor und der Mutter, 7.13

en los raros paseos que daban juntos algunos domingos al año y en las vacaciones más altas entre Gregor y su madre,

die schon an und für sich langsam gingen, 7.14

que ya eran lentas de por sí,

immer noch ein wenig langsamer, 7.15

siempre iba un poco más despacio,

in seinen alten Mantel eingepackt, 7.16

envuelto en su viejo abrigo,

mit stets vorsichtig aufgesetztem Krückstock sich vorwärts arbeitete und, 7.17

se abría paso con el bastón siempre cuidadosamente colocado a su espalda y,

wenn er etwas sagen wollte, 7.18

cuando quería decir algo,

fast immer stillstand und seine Begleitung um sich versammelte? 7.19

casi siempre se quedaba quieto y reunía a su compañía a su alrededor?

Kapitel 13

Capítulo 13

1.1 Nun aber war er recht gut aufgerichtet;
Ahora, sin embargo, estaba muy erguido;

1.2 in eine straffe blaue Uniform mit Goldknöpfen gekleidet,
vestía un ceñido uniforme azul con botones dorados,

1.3 wie sie Diener der Bankinstitute tragen;
como los que llevan los empleados de las instituciones bancarias;

1.4 über dem hohen steifen Kragen des Rockes entwickelte sich sein starkes Doppelkinn;
su fuerte papada sobresalía por encima del cuello alto y rígido de su abrigo;

1.5 unter den buschigen Augenbrauen drang der Blick der schwarzen Augen frisch und aufmerksam hervor;
la mirada de sus ojos negros era fresca y atenta desde debajo de sus pobladas cejas;

das sonst zerzauste weiße Haar war zu einer   1.6
peinlich genauen, leuchtenden Scheitelfrisur
niedergekämmt.

su pelo blanco, por lo demás despeinado, estaba peinado
hacia abajo en una raya brillante y meticulosamente
precisa.

Er warf seine Mütze, auf der ein Goldmonogramm,   1.7
wahrscheinlich das einer Bank, angebracht war, über
das ganze Zimmer im Bogen auf das Kanapee hin
und ging, die Enden seines langen Uniformrockes
zurückgeschlagen, die Hände in den Hosentaschen,
mit verbissenem Gesicht auf Gregor zu.

Lanzó su gorra, en la que había un monograma dorado,
probablemente de un banco, a través de la habitación en
un arco sobre el canapé y caminó hacia Gregor, con los
extremos de su largo abrigo de uniforme doblados hacia
atrás, las manos en los bolsillos del pantalón y el rostro
adusto.

Er wußte wohl selbst nicht, was er vor hatte;   2.1

Probablemente ni él mismo sabía lo que se proponía;

immerhin hob er die Füße ungewöhnlich hoch,   2.2
und Gregor staunte über die Riesengröße seiner
Stiefelsohlen.

después de todo, levantaba los pies a una altura inusitada, y
Gregor se maravillaba del enorme tamaño de las suelas de
sus botas.

Doch hielt er sich dabei nicht auf, er wußte ja noch   2.3
vom ersten Tage seines neuen Lebens her, daß der
Vater ihm gegenüber nur die größte Strenge für
angebracht ansah.

Pero no se detuvo ahí, sabía desde el primer día de su nueva
vida que su padre sólo consideraba apropiada para con él la
mayor severidad.

2.4 Und so lief er vor dem Vater her, stockte, wenn der Vater stehen blieb, und eilte schon wieder vorwärts, wenn sich der Vater nur rührte.

Así que corría delante de su padre, vacilaba cuando éste se detenía y volvía a apresurarse cuando su padre se limitaba a moverse.

2.5 So machten sie mehrmals die Runde um das Zimmer, ohne daß sich etwas Entscheidendes ereignete, ja ohne daß das Ganze infolge seines langsamen Tempos den Anschein einer Verfolgung gehabt hätte.

De este modo dieron varias vueltas a la habitación sin que ocurriera nada decisivo, es más, sin que todo pareciera una persecución debido a su lentitud.

2.6 Deshalb blieb auch Gregor vorläufig auf dem Fußboden, zumal er fürchtete, der Vater könnte eine Flucht auf die Wände oder den Plafond für besondere Bosheit halten.

Por eso Gregor se quedó de momento en el suelo, sobre todo porque temía que su padre considerara especialmente maliciosa una huida hacia las paredes o el techo.

2.7 Allerdings mußte sich Gregor sagen, daß er sogar dieses Laufen nicht lange aushalten würde, denn während der Vater einen Schritt machte, mußte er eine Unzahl von Bewegungen ausführen.

Sin embargo, Gregor tuvo que decirse a sí mismo que no podría aguantar ni siquiera esta carrera durante mucho tiempo, porque mientras su padre daba un paso, él tenía que hacer una miríada de movimientos.

2.8 Atemnot begann sich schon bemerkbar zu machen, wie er ja auch in seiner früheren Zeit keine ganz vertrauenswürdige Lunge besessen hatte.

La falta de aliento ya empezaba a hacerse notar, al igual que en sus primeros tiempos, en los que no poseía unos pulmones del todo fiables.

Als er nun so dahintorkelte, um alle Kräfte für den Lauf zu sammeln, kaum die Augen offenhielt; 2.9
Mientras avanzaba tambaleándose, tratando de reunir todas sus fuerzas para la carrera, manteniendo a duras penas los ojos abiertos;

in seiner Stumpfheit an eine andere Rettung als durch Laufen gar nicht dachte; 2.10
en su estupor ni siquiera pensaba en otro rescate que no fuera correr;

und fast schon vergessen hatte, daß ihm die Wände freistanden, die hier allerdings mit sorgfältig geschnitzten Möbeln voll Zacken und Spitzen verstellt waren – 2.11
y habiendo casi olvidado que las paredes estaban abiertas para él, aunque estaban cubiertas de muebles cuidadosamente tallados y llenos de dentelladas y pinchos –

da flog knapp neben ihm, leicht geschleudert, irgend etwas nieder und rollte vor ihm her. 2.12
algo cayó volando cerca de él, se agitó ligeramente y rodó delante de él.

Es war ein Apfel; gleich flog ihm ein zweiter nach; 2.13
Era una manzana; inmediatamente una segunda voló tras ella;

Gregor blieb vor Schrecken stehen; 2.14
Gregor se detuvo horrorizado;

ein Weiterlaufen war nutzlos, denn der Vater hatte sich entschlossen, ihn zu bombardieren. 2.15
era inútil seguir corriendo, pues su padre había decidido bombardearlo.

3.1 Aus der Obstschale auf der Kredenz hatte er sich die Taschen gefüllt und warf nun, ohne vorläufig scharf zu zielen, Apfel für Apfel.

Se había llenado los bolsillos del frutero del aparador y ahora lanzaba manzana tras manzana sin apuntar con fuerza por el momento.

3.2 Diese kleinen roten Äpfel rollten wie elektrisiert auf dem Boden herum und stießen aneinander.

Las pequeñas manzanas rojas rodaban por el suelo como electrizadas y chocaban entre sí.

3.3 Ein schwach geworfener Apfel streifte Gregors Rücken,

Una manzana lanzada débilmente rozó la espalda de Gregor,

3.4 glitt aber unschädlich ab.

pero se deslizó inofensivamente.

3.5 Ein ihm sofort nachfliegender drang dagegen förmlich in Gregors Rücken ein; Gregor wollte sich weiterschleppen, als könne der überraschende unglaubliche Schmerz mit dem Ortswechsel vergehen; doch fühlte er sich wie festgenagelt und streckte sich in vollständiger Verwirrung aller Sinne.

Una que le siguió inmediatamente, en cambio, penetró literalmente en la espalda de Gregor; éste quiso seguir arrastrándose como si el dolor sorprendentemente increíble pudiera pasar con el cambio de lugar, pero se sintió como si le hubieran inmovilizado y estirado confundiendo por completo todos sus sentidos.

135

Nur mit dem letzten Blick sah er noch, wie die Tür 3.6
seines Zimmers aufgerissen wurde, und vor der
schreienden Schwester die Mutter hervoreilte, im
Hemd, denn die Schwester hatte sie entkleidet, um
ihr in der Ohnmacht Atemfreiheit zu verschaffen,
wie dann die Mutter auf den Vater zulief und ihr auf
dem Weg die aufgebundenen Röcke einer nach dem
anderen zu Boden glitten, und wie sie stolpernd über
die Röcke auf den Vater eindrang und ihn umarmend,
in gänzlicher Vereinigung mit ihm – nun versagte
aber Gregors Sehkraft schon – die Hände an des
Vaters Hinterkopf um Schonung von Gregors Leben
bat.

Sólo con su última mirada vio que la puerta de su
habitación se abría de par en par, y que su madre salía
corriendo delante de su hermana que gritaba, llevando
una camisa, pues su hermana la había desnudado para
darle libertad de respiración en su desmayo, cómo la
madre corría entonces hacia el padre y, al avanzar, sus
faldas desatadas resbalaban al suelo una tras otra, y cómo
tropezaba sobre las faldas hacia el padre y, abrazándolo,
en completa unión con él - pero ahora la vista de Gregor ya
fallaba-, ponía las manos en la nuca de su padre y le rogaba
que perdonara la vida a Gregor.

136

4.1 Die schwere Verwundung Gregors, an der er über
einen Monat litt – der Apfel blieb, da ihn niemand
zu entfernen wagte, als sichtbares Andenken
im Fleische sitzen – , schien selbst den Vater
daran erinnert zu haben, daß Gregor trotz seiner
gegenwärtigen traurigen und ekelhaften Gestalt
ein Familienmitglied war, das man nicht wie einen
Feind behandeln durfte, sondern dem gegenüber es
das Gebot der Familienpflicht war, den Widerwillen
hinunterzuschlucken und zu dulden, nichts als zu
dulden.

La grave herida de Gregor, de la que padeció durante más
de un mes - la manzana quedó como un recuerdo visible
en su carne, pues nadie se atrevió a quitársela-, parecía
haber recordado incluso a su padre que Gregor, a pesar de
su actual aspecto triste y repugnante, era un miembro de la
familia al que no había que tratar como a un enemigo, sino
al que la familia tenía el deber de tragarse su repugnancia y
tolerar, nada más que tolerar.

4.2 Und wenn nun auch Gregor durch seine Wunde an
Beweglichkeit wahrscheinlich für immer verloren
hatte und vorläufig zur Durchquerung seines
Zimmers wie ein alter Invalide lange,

Y aunque Gregor probablemente había perdido para
siempre la movilidad como consecuencia de su herida y
por el momento necesitaba largos,

4.3 lange Minuten brauchte –

largos minutos para cruzar su habitación como un viejo
inválido –

4.4 an das Kriechen in der Höhe war nicht zu denken – ,

arrastrarse en altura estaba fuera de cuestión –

so bekam er für diese Verschlimmerung seines
Zustandes einen seiner Meinung nach vollständig
genügenden Ersatz dadurch, daß immer gegen
Abend die Wohnzimmertür, die er schon ein bis
zwei Stunden vorher scharf zu beobachten pflegte,
geöffnet wurde, so daß er, im Dunkel seines Zimmers
liegend, vom Wohnzimmer aus unsichtbar, die ganze
Familie beim beleuchteten Tische sehen und ihre
Reden, gewissermaßen mit allgemeiner Erlaubnis,
also ganz anders als früher, anhören durfte.

4.5

recibía lo que él consideraba una compensación
completamente adecuada por este agravamiento de su
estado, que siempre hacia el anochecer se abría la puerta
del salón, que solía vigilar atentamente durante una o dos
horas antes, de modo que, tumbado en la oscuridad de
su habitación, invisible desde el salón, podía ver a toda
la familia en la mesa encendida y escuchar sus discursos,
como con permiso general, muy distinto de lo que él solía
hacer.

Freilich waren es nicht mehr die lebhaften
Unterhaltungen der früheren Zeiten, an die Gregor
in den kleinen Hotelzimmern stets mit einigem
Verlangen gedacht hatte, wenn er sich müde in das
feuchte Bettzeug hatte werfen müssen.

5.1

Por supuesto, ya no eran las animadas conversaciones
de antes que Gregor siempre había recordado con cierta
añoranza en las pequeñas habitaciones de hotel cuando
había tenido que arrojarse cansado a la húmeda ropa de
cama.

Es ging jetzt meist nur sehr still zu.

5.2

Ahora todo estaba muy tranquilo.

Der Vater schlief bald nach dem Nachtessen in
seinem Sessel ein;

5.3

Su padre se quedaba dormido en su sillón poco después de
cenar;

138

5.4 die Mutter und Schwester ermahnten einander zur Stille;

su madre y su hermana se recordaban mutuamente que debían guardar silencio;

5.5 die Mutter nähte, weit unter das Licht vorgebeugt, feine Wäsche für ein Modengeschäft;

su madre, inclinada muy hacia atrás bajo la luz, cosía ropa fina para una tienda de modas;

5.6 die Schwester, die eine Stellung als Verkäuferin angenommen hatte, lernte am Abend Stenographie und Französisch, um vielleicht später einmal einen besseren Posten zu erreichen.

su hermana, que había aceptado un empleo como vendedora, aprendía taquigrafía y francés por las tardes, tal vez para conseguir un trabajo mejor más adelante.

5.7 Manchmal wachte der Vater auf, und als wisse er gar nicht, daß er geschlafen habe, sagte er zur Mutter:

A veces el padre se despertaba y, como si no se hubiera dado cuenta de que había estado durmiendo, le decía a su madre:

5.8 »Wie lange du heute schon wieder nähst!«

"¡Cuánto tiempo llevas cosiendo hoy otra vez!"

5.9 und schlief sofort wieder ein,

y volvía a dormirse inmediatamente,

5.10 während Mutter und Schwester einander müde zulächelten.

mientras madre y hermana se sonreían cansadas.

6.1 Mit einer Art Eigensinn weigerte sich der Vater,

Con una especie de obstinación,

auch zu Hause seine Dieneruniform abzulegen; 6.2
su padre se negaba a quitarse el uniforme de criado incluso
en casa;

und während der Schlafrock nutzlos am 6.3
Kleiderhaken hing, schlummerte der Vater
vollständig angezogen auf seinem Platz, als sei er
immer zu seinem Dienste bereit und warte auch hier
auf die Stimme des Vorgesetzten.
y mientras la bata colgaba inútilmente de la percha, su
padre dormía completamente vestido en su lugar, como si
siempre estuviera listo para su servicio y esperando la voz
de su superior.

Infolgedessen verlor die gleich anfangs nicht 6.4
neue Uniform trotz aller Sorgfalt von Mutter und
Schwester an Reinlichkeit, und Gregor sah oft ganze
Abende lang auf dieses über und über fleckige, mit
seinen stets geputzte Goldknöpfen leuchtende Kleid,
in dem der alte Mann höchst unbequem und doch
ruhig schlief.
Como consecuencia, el uniforme, que para empezar no era
nuevo, perdió su limpieza a pesar de todos los cuidados de
su madre y su hermana, y Gregor pasaba a menudo tardes
enteras contemplando aquel vestido manchado, reluciente
por sus botones de oro constantemente limpiados, en el
que el anciano dormía de la manera más incómoda y, sin
embargo, tranquila.

Kapitel 14

Capítulo 14

1.1 Sobald die Uhr zehn schlug, suchte die Mutter durch leise Zusprache den Vater zu wecken und dann zu überreden, ins Bett zu gehen, denn hier war es doch kein richtiger Schlaf und diesen hatte der Vater, der um sechs Uhr seinen Dienst antreten mußte, äußerst nötig.

En cuanto el reloj dio las diez, su madre intentó despertar a su padre hablándole suavemente y luego persuadirle de que se fuera a la cama, pues aquí no se podía dormir de verdad y su padre, que tenía que empezar a trabajar a las seis, lo necesitaba mucho.

1.2 Aber in dem Eigensinn, der ihn, seitdem er Diener war, ergriffen hatte, bestand er immer darauf noch länger bei Tisch zu bleiben, trotzdem er regelmäßig einschlief, und war dann überdies nur mit der größten Mühe zu bewegen, den Sessel mit dem Bett zu vertauschen.

Pero en la obstinación que se había apoderado de él desde que era criado, insistía siempre en quedarse más tiempo a la mesa, aunque regularmente se quedaba dormido, y sólo con la mayor dificultad se le podía convencer de que cambiara el sillón por la cama.

141

Da mochten Mutter und Schwester mit kleinen 1.3
Ermahnungen noch so sehr auf ihn eindringen,
viertelstundenlang schüttelte er langsam den Kopf
hielt, die Augen geschlossen und stand nicht auf.
Por más que su madre y su hermana trataban de
persuadirle con pequeñas admoniciones, sacudía
lentamente la cabeza durante un cuarto de hora,
manteniendo los ojos cerrados y sin levantarse.

Die Mutter zupfte ihn am Ärmel, sagte ihm 1.4
Schmeichelworte ins Ohr, die Schwester verließ
ihre Aufgabe, um der Mutter zu helfen, aber beim
Vater verfing das nicht.
Su madre le tiraba de la manga, le decía palabras
halagadoras al oído, su hermana dejaba su tarea para
ayudar a su madre, pero no funcionaba con su padre.

Er versank nur noch tiefer in seinen Sessel. 1.5
Sólo se hundió más en su sillón.

Erst bis ihn die Frauen unter den Achseln faßten, 1.6
schlug er die Augen auf, sah abwechselnd die Mutter
und die Schwester an und pflegte zu sagen:
Sólo cuando las mujeres le agarraban por debajo de las
axilas abría los ojos, miraba a su madre y a su hermana por
turnos y solía decir:

»Das ist ein Leben. Das ist die Ruhe meiner alten 1.7
Tage.«
"Esto es vida. Esta es la paz de mis viejos tiempos."

1.8 Und auf die beiden Frauen gestützt, erhob er sich, umständlich, als sei er für sich selbst die größte Last, ließ sich von den Frauen bis zur Türe führen, winkte ihnen dort ab und ging nun selbständig weiter, während die Mutter ihr Nähzeug, die Schwester ihre Feder eiligst hinwarfen, um hinter dem Vater zu laufen und ihm weiter behilflich zu sein.

Y apoyándose en las dos mujeres, se levantaba, torpemente, como si fuera la mayor carga para sí mismo, dejaba que las mujeres le condujeran hasta la puerta, les hacía un gesto con la mano allí y ahora seguía caminando independientemente, mientras su madre se apresuraba a tirar su costurero y su hermana su bolígrafo para caminar detrás de su padre y seguir ayudándole.

2.1 Wer hatte in dieser abgearbeiteten und übermüdeten Familie Zeit, sich um Gregor mehr zu kümmern, als unbedingt nötig war?

¿Quién, en esta familia sobrecargada de trabajo y cansancio, tenía tiempo para cuidar de Gregor más de lo absolutamente necesario?

2.2 Der Haushalt wurde immer mehr eingeschränkt;

El hogar se volvió cada vez más restringido;

2.3 das Dienstmädchen wurde nun doch entlassen;

la criada fue despedida después de todo;

2.4 eine riesige knochige Bedienerin mit weißem, den Kopf umflatterndem Haar kam des Morgens und des Abends, um die schwerste Arbeit zu leisten;

una sirvienta enorme y huesuda, con el pelo blanco revoloteándole alrededor de la cabeza, venía por la mañana y por la tarde a hacer el trabajo más pesado;

143

alles andere besorgte die Mutter neben ihrer vielen Näharbeit. 2.5

todo lo demás lo hacía la madre, además de sus muchas labores de costura.

Es geschah sogar, daß verschiedene Familienschmuckstücke, welche früher die Mutter und die Schwester überglücklich bei Unterhaltungen und Feierlichkeiten getragen hatten, verkauft wurden, wie Gregor am Abend aus der allgemeinen Besprechung der erzielten Preise erfuhr. 2.6

Incluso llegó a suceder que se vendieran varias piezas de joyería familiar, que la madre y la hermana habían lucido antaño tan alegremente en agasajos y celebraciones, según se enteró Gregor por la noche de la discusión general sobre los precios alcanzados.

Die größte Klage war aber stets, daß man diese für die gegenwärtigen Verhältnisse allzu große Wohnung nicht verlassen konnte, da es nicht auszudenken war, wie man Gregor übersiedeln sollte. 2.7

La mayor queja, sin embargo, era siempre la imposibilidad de abandonar el piso, demasiado grande para las circunstancias actuales, ya que era imposible imaginar cómo se podría trasladar a Gregor.

Aber Gregor sah wohl ein, daß es nicht nur die Rücksicht auf ihn war, welche eine Übersiedlung verhinderte, denn ihn hätte man doch in einer passenden Kiste mit ein paar Luftlöchern leicht transportieren können; 2.8

Pero Gregor se dio cuenta de que no era sólo la consideración hacia él lo que impedía una mudanza, ya que se le podría haber transportado fácilmente en una caja adecuada con unos cuantos agujeros de aire;

2.9 **was die Familie hauptsächlich vom Wohnungswechsel abhielt, war vielmehr die völlige Hoffnungslosigkeit und der Gedanke daran, daß sie mit einem Unglück geschlagen war, wie niemand sonst im ganzen Verwandten - und Bekanntenkreis.**

lo que principalmente impedía a la familia mudarse era más bien la completa desesperanza y la idea de que les había sobrevenido una desgracia como a nadie más en todo su círculo de parientes y conocidos.

3.1 **Was die Welt von armen Leuten verlangt, erfüllten sie bis zum äußersten, der Vater holte den kleinen Bankbeamten das Frühstück, die Mutter opferte sich für die Wäsche fremder Leute, die Schwester lief nach dem Befehl der Kunden hinter dem Pulte hin und her, aber weiter reichten die Kräfte der Familie schon nicht.**

Lo que el mundo exigía de los pobres, ellos lo cumplían a rajatabla, el padre iba a buscar el desayuno para el pequeño empleado del banco, la madre se sacrificaba por la colada de los desconocidos, la hermana corría de un lado para otro detrás del mostrador según las órdenes de los clientes, pero hasta ahí llegaban las fuerzas de la familia.

3.2 **Und die Wunde im Rücken fing Gregor wie neu zu schmerzen an, wenn Mutter und Schwester, nachdem sie den Vater zu Bett gebracht hatten, nun zurückkehrten, die Arbeit liegen ließen, nahe zusammenrückten, schon Wange an Wange saßen;**

Y la herida en la espalda de Gregor empezó a doler como nueva cuando su madre y su hermana, después de acostar a su padre, regresaron, dejaron atrás su trabajo, se acercaron, se sentaron mejilla con mejilla;

3.3 **wenn jetzt die Mutter, auf Gregors Zimmer zeigend, sagte:**

cuando su madre, señalando la habitación de Gregor, dijo:

145

»Mach' dort die Tür zu, Grete«, und wenn nun Gregor wieder im Dunkel war, während nebenan die Frauen ihre Tränen vermischten oder gar tränenlos den Tisch anstarrten.

3.4

"Cierra la puerta ahí, Grete", y cuando Gregor volvió a estar a oscuras, mientras las mujeres de al lado mezclaban sus lágrimas o incluso miraban sin lágrimas a la mesa.

Die Nächte und Tage verbrachte Gregor fast ganz ohne Schlaf.

4.1

Gregor pasaba las noches y los días casi sin dormir.

Manchmal dachte er daran, beim nächsten Öffnen der Tür die Angelegenheiten der Familie ganz so wie früher wieder in die Hand zu nehmen;

4.2

A veces pensaba en volver a tomar en sus manos los asuntos de la familia la próxima vez que abriera la puerta;

146

4.3 in seinen Gedanken erschienen wieder nach langer Zeit der Chef und der Prokurist, die Kommis und die Lehrjungen, der so begriffstützige Hausknecht, zwei, drei Freunde aus anderen Geschäften, ein Stubenmädchen aus einem Hotel in der Provinz, eine liebe, flüchtige Erinnerung, eine Kassiererin aus einem Hutgeschäft, um die er sich ernsthaft, aber zu langsam beworben hatte – sie alle erschienen untermischt mit Fremden oder schon Vergessenen, aber statt ihm und seiner Familie zu helfen, waren sie sämtlich unzugänglich, und er war froh, wenn sie verschwanden.

Al cabo de mucho tiempo, el jefe y el apoderado, los comisarios y los aprendices, la sirvienta de la casa, dos o tres amigos de otros negocios, una criada de un hotel de provincias, un recuerdo entrañable y fugaz, una cajera de una sombrerería a la que se había presentado con seriedad pero con demasiada lentitud, todos ellos aparecieron mezclados con desconocidos o personas que ya había olvidado, pero en lugar de ayudarle a él y a su familia, todos eran inaccesibles y se alegró cuando desaparecieron.

5.1 Dann aber war er wieder gar nicht in der Laune, sich um seine Familie zu sorgen, bloß Wut über die schlechte Wartung erfüllte ihn, und trotzdem er sich nichts vorstellen konnte, worauf er Appetit gehabt hätte, machte er doch Pläne, wie er in die Speisekammer gelangen könnte, um dort zu nehmen, was ihm, auch wenn er keinen Hunger hatte, immerhin gebührte.

Pero de nuevo no estaba de humor para preocuparse por su familia, sólo le llenaba la rabia por el mal servicio, y aunque no se le ocurría nada que le hubiera abierto el apetito, hizo planes para entrar en la despensa y coger lo que allí le correspondía, aunque no tuviera hambre.

Ohne jetzt mehr nachzudenken, womit man Gregor einen besonderen Gefallen machen könnte, schob die Schwester eiligst, ehe sie morgens und mittags ins Geschäft lief, mit dem Fuß irgendeine beliebige Speise in Gregors Zimmer hinein, um sie am Abend, gleichgültig dagegen, ob die Speise vielleicht nur verkostet oder –   5.2

Sin pensar más en cómo podía hacerle un favor especial a Gregor, la enfermera se apresuraba a empujar con el pie cualquier alimento que hubiera en la habitación de Gregor antes de ir a la tienda por la mañana y al mediodía, y lo barría por la noche con un movimiento de la escoba, sin importarle si la comida tal vez sólo había sido probada o –

der häufigste Fall –   5.3

el caso más común –

gänzlich unberührt war, mit einem Schwenken des Besens hinauszukehren.   5.4

estaba completamente intacta.

Das Aufräumen des Zimmers, das sie nun immer abends besorgte, konnte gar nicht mehr schneller getan sein.   5.5

La limpieza de la habitación, que ahora hacía siempre por la noche, no podía ser más rápida.

Schmutzstreifen zogen sich die Wände entlang,   5.6

Por las paredes corrían rayas de suciedad,

hie und da lagen Knäuel von Staub und Unrat.   5.7

y aquí y allá había cúmulos de polvo y basura.

5.8 In der ersten Zeit stellte sich Gregor bei der Ankunft der Schwester in derartige besonders bezeichnende Winkel, um ihr durch diese Stellung gewissermaßen einen Vorwurf zu machen.

Al principio, cuando llegaba su hermana, Gregor se colocaba en un rincón determinado para reprochárselo.

5.9 Aber er hätte wohl wochenlang dort bleiben können, ohne daß sich die Schwester gebessert hätte;

Pero podría haberse quedado allí durante semanas sin que la hermana mejorara;

5.10 sie sah ja den Schmutz genau so wie er, aber sie hatte sich eben entschlossen, ihn zu lassen.

ella veía la suciedad igual que él, pero acababa de decidir dejarla.

6.1 Dabei wachte sie mit einer an ihr ganz neuen Empfindlichkeit, die überhaupt die ganze Familie ergriffen hatte, darüber, daß das Aufräumen von Gregors Zimmer ihr vorbehalten blieb.

Se aseguró, con una sensibilidad que era nueva en ella y que se había apoderado de toda la familia, de que el orden de la habitación de Gregor quedara reservado para ella.

Einmal hatte die Mutter Gregors Zimmer einer 6.2
großen Reinigung unterzogen, die ihr nur nach
Verbrauch einiger Kübel Wasser gelungen war – die
viele Feuchtigkeit kränkte allerdings Gregor auch
und er lag breit, verbittert und unbeweglich auf dem
Kanapee – , aber die Strafe blieb für die Mutter nicht
aus.

Una vez su madre había sometido la habitación de Gregor
a una limpieza a fondo, que sólo había conseguido después
de utilizar unos cuantos cubos de agua - la humedad, sin
embargo, también había afectado a Gregor, y éste yacía en
el sofá, ancho, amargado e inmóvil-, pero su madre no se
libró del castigo.

Denn kaum hatte am Abend die Schwester die 6.3
Veränderung in Gregors Zimmer bemerkt, als sie,
aufs höchste beleidigt, ins Wohnzimmer lief und,
trotz der beschwörend erhobenen Hände der Mutter,
in einen Weinkrampf ausbrach, dem die Eltern –

Apenas se había dado cuenta la hermana del cambio
en la habitación de Gregor aquella tarde, cuando, muy
ofendida, corrió al salón y, a pesar de las suplicantes manos
levantadas de su madre, prorrumpió en un ataque de llanto,
que los padres –

der Vater war natürlich aus seinem Sessel 6.4
aufgeschreckt worden –

el padre, por supuesto, se había sobresaltado al levantarse
de su sillón –

zuerst erstaunt und hilflos zusahen; 6.5

observaron al principio con asombro e impotencia;

bis auch sie sich zu rühren anfingen; 6.6

hasta que ellos también empezaron a revolverse;

6.7 der Vater rechts der Mutter Vorwürfe machte, daß sie Gregors Zimmer nicht der Schwester zur Reinigung überließ;

el padre, a la derecha, reprochó a la madre que no dejara la habitación de Gregor a la hermana para que la limpiara;

6.8 links dagegen die Schwester anschrie,

a la izquierda,

6.9 sie werde niemals mehr Gregors Zimmer reinigen dürfen;

gritando a la hermana que nunca más se le permitiría limpiar la habitación de Gregor;

6.10 während die Mutter den Vater, der sich vor Erregung nicht mehr kannte, ins Schlafzimmer zu schleppen suchte;

mientras la madre trataba de arrastrar al padre, que había perdido los estribos por la excitación, al dormitorio;

6.11 die Schwester, von Schluchzen geschüttelt, mit ihren kleinen Fäusten den Tisch bearbeitete;

la hermana, sacudida por los sollozos, golpeaba la mesa con sus pequeños puños;

6.12 und Gregor laut vor Wut darüber zischte, daß es keinem einfiel, die Tür zu schließen und ihm diesen Anblick und Lärm zu ersparen.

y Gregor siseaba ruidosamente de rabia por el hecho de que a nadie se le ocurriera cerrar la puerta y evitarle aquel espectáculo y aquel ruido.

Kapitel 15

Capítulo 15

1.1 Aber selbst wenn die Schwester, erschöpft von ihrer Berufsarbeit, dessen überdrüssig geworden war, für Gregor, wie früher, zu sorgen, so hätte noch keineswegs die Mutter für sie eintreten müssen und Gregor hätte doch nicht vernachlässigt werden brauchen.

Pero aunque la hermana, agotada por su trabajo profesional, se hubiera cansado de cuidar de Gregor como antes, su madre no habría tenido que sustituirla y Gregor no habría tenido que ser desatendido.

1.2 Denn nun war die Bedienerin da.

Pues ahora la sirvienta estaba allí.

1.3 Diese alte Witwe, die in ihrem langen Leben mit Hilfe ihres starken Knochenbaues das Ärgste überstanden haben mochte, hatte keinen eigentlichen Abscheu vor Gregor.

Esta anciana viuda, que podría haber sobrevivido a lo peor de su larga vida con la ayuda de su fuerte estructura ósea, no sentía verdadera repugnancia por Gregor.

Ohne irgendwie neugierig zu sein, hatte sie zufällig einmal die Tür von Gregors Zimmer aufgemacht und war im Anblick Gregors, der, gänzlich überrascht, trotzdem ihn niemand jagte, hin und herzulaufen begann, die Hände im Schoß gefaltet staunend stehen geblieben. 1.4

Sin ser curiosa en absoluto, una vez había abierto la puerta de la habitación de Gregor por casualidad y se había detenido asombrada al ver a Gregor, que, completamente sorprendido, había empezado a caminar de un lado a otro, con las manos cruzadas en el regazo, a pesar de que nadie le perseguía.

Seitdem versäumte sie nicht, 1.5

Desde entonces,

stets flüchtig morgens und abends die Tür ein wenig zu öffnen und zu Gregor hineinzuschauen. 1.6

nunca dejaba de abrir un poco la puerta por la mañana y por la noche y asomarse a ver a Gregor.

Anfangs rief sie ihn auch zu sich herbei, mit Worten, die sie wahrscheinlich für freundlich hielt, wie 1.7

Al principio, también le llamaba con palabras que probablemente le parecían amistosas, como

»Komm mal herüber, alter Mistkäfer!« oder 1.8

"¡Ven aquí, viejo escarabajo pelotero!" o

»Seht mal den alten Mistkäfer!« 1.9

"¡Mira al viejo escarabajo pelotero!"

Auf solche Ansprachen antwortete Gregor mit nichts, sondern blieb unbeweglich auf seinem Platz, als sei die Tür gar nicht geöffnet worden. 1.10

Gregor no respondía a tales discursos, sino que permanecía inmóvil en su asiento como si ni siquiera se hubiera abierto la puerta.

154

1.11 **Hätte man doch dieser Bedienerin, statt sie nach ihrer Laune ihn nutzlos stören zu lassen, lieber den Befehl gegeben, sein Zimmer täglich zu reinigen!**

¡Si esta sirvienta hubiera recibido la orden de limpiar su habitación todos los días en lugar de dejar que le molestara a su antojo!

1.12 **Einmal am frühen Morgen – ein heftiger Regen, vielleicht schon ein Zeichen des kommenden Frühjahrs, schlug an die Scheiben – war Gregor, als die Bedienerin mit ihren Redensarten wieder begann, derartig erbittert, daß er, wie zum Angriff, allerdings langsam und hinfällig, sich gegen sie wendete.**

Una vez por la mañana temprano - una fuerte lluvia, quizá ya señal de la llegada de la primavera, golpeaba las ventanas-, Gregor se enfureció tanto cuando la criada empezó a hablar de nuevo que se volvió hacia ella como si fuera a atacar, aunque lenta y perezosamente.

1.13 **Die Bedienerin aber, statt sich zu fürchten, hob bloß einen in der Nähe der Tür befindlichen Stuhl hoch einpor, und wie sie mit groß geöffnetem Munde dastand, war ihre Absicht klar, den Mund erst zu schließen, wenn der Sessel in ihrer Hand auf Gregors Rücken niederschlagen würde.**

Pero la criada, en lugar de asustarse, se limitó a levantar una silla cerca de la puerta, y mientras permanecía allí con la boca abierta, su intención era clara: no cerraría la boca hasta que la silla que tenía en la mano cayera sobre la espalda de Gregor.

1.14 **»Also weiter geht es nicht?«**

"¿Así que hasta aquí hemos llegado?"

fragte sie, als Gregor sich wieder umdrehte, und stellte den Sessel ruhig in die Ecke zurück. 1.15

preguntó ella cuando Gregor volvió a darse la vuelta y colocó tranquilamente el sillón en el rincón.

Gregor aß nun fast gar nichts mehr. 2.1

Ahora Gregor no comía casi nada.

Nur wenn er zufällig an der vorbereiteten Speise vorüberkam, nahm er zum Spiel einen Bissen in den Mund, hielt ihn dort stundenlang und spie ihn dann meist wieder aus. 2.2

Sólo cuando pasaba junto a la comida preparada se llevaba un bocado a la boca para jugar, lo mantenía allí durante horas y luego solía escupirlo de nuevo.

Zuerst dachte er, es sei die Trauer über den Zustand seines Zimmers, die ihn vom Essen abhalte, aber gerade mit den Veränderungen des Zimmers söhnte er sich sehr bald aus. 2.3

Al principio, pensó que era la tristeza por el estado de su habitación lo que le impedía comer, pero pronto se reconcilió con los cambios en la habitación.

Man hatte sich angewöhnt, Dinge, die man anderswo nicht unterbringen konnte, in dieses Zimmer hineinzustellen, und solcher Dinge gab es nun viele, da man ein Zimmer der Wohnung an drei Zimmerherren vermietet hatte. 2.4

Había cogido la costumbre de poner en esta habitación cosas que no se podían poner en otro sitio, y ahora había muchas, ya que una habitación del piso se había alquilado a tres señores.

Diese ernsten Herren – alle drei hatten Vollbärte, 2.5

Estos señores tan serios – los tres tenían barba poblada,

156

2.6 **wie Gregor einmal durch eine Türspalte feststellte –**
como Gregor descubrió una vez a través de una rendija de la
puerta –

2.7 **waren peinlich auf Ordnung, nicht nur in ihrem
Ziminer, sondern, da sie sich nun einmal hier
eingemietet hatten, in der ganzen Wirtschaft, also
insbesondere in der Küche, bedacht.**
eran escrupulosos con el orden, no sólo en su habitación
sino, como habían alquilado una habitación aquí, en toda la
casa, especialmente en la cocina.

2.8 **Unnützen oder gar schmutzigen Kram ertrugen sie
nicht.**
No soportaban las cosas inútiles o incluso sucias.

2.9 **Überdies hatten sie zum größten Teil ihre eigenen
Einrichtungsstücke mitgebracht.**
Además, se habían traído casi todo su mobiliario.

2.10 **Aus diesem Grunde waren viele Dinge überflüssig
geworden, die zwar nicht verkäuflich waren, die man
aber auch nicht wegwerfen wollte.**
Por esta razón, habían quedado muchas cosas superfluas,
que no estaban a la venta, pero que no querían tirar.

2.11 **Alle diese wanderten in Gregors Zimmer.**
Todas ellas fueron a parar a la habitación de Gregor.

2.12 **Ebenso auch die Aschenkiste und die Abfallkiste aus
der Küche.**
Al igual que la caja de cenizas y el cubo de la basura de la
cocina.

Was nur im Augenblick unbrauchbar war, schleuderte die Bedienerin, die es immer sehr eilig hatte, einfach in Gregors Zimmer; 2.13

El criado, que siempre tenía prisa, se limitaba a arrojar a la habitación de Gregor todo lo que no podía utilizar en ese momento;

Gregor sah glücklicherweise meist nur den betreffenden Gegenstand und die Hand, 2.14

afortunadamente,

die ihn hielt. 2.15

Gregor sólo solía ver el objeto en cuestión y la mano que lo sostenía.

Die Bedienerin hatte vielleicht die Absicht, bei Zeit und Gelegenheit die Dinge wieder zu holen oder alle insgesamt mit einemmal hinauszuwerfen, tatsächlich aber blieben sie dort liegen, wohin sie durch den ersten Wurf gekommen waren, wenn nicht Gregor sich durch das Rumpelzeug wand und es in Bewegung brachte, zuerst gezwungen, weil kein sonstiger Platz zum Kriechen frei war, später aber mit wachsendem Vergnügen, obwohl er nach solchen Wanderungen, zum Sterben müde und traurig, wieder stundenlang sich nicht rührte. 2.16

Puede que el criado tuviera la intención de recuperar los objetos cuando llegara el momento o de tirarlos todos a la vez, pero de hecho permanecían donde habían sido arrojados la primera vez, a menos que Gregor se forzara a sí mismo a través del revoltijo y lo pusiera en movimiento, al principio porque no había otro sitio donde arrastrarse, pero más tarde con creciente placer, aunque después de tales vagabundeos, cansado y triste hasta la muerte, no se movía durante horas.

3.1 Da die Zimmerherren manchmal auch ihr Abendessen zu Hause im gemeinsamen Wohnzimmer einnahmen, blieb die Wohnzimmertür an manchen Abenden geschlossen, aber Gregor verzichtete ganz leicht auf das Öffnen der Tür, hatte er doch schon manche Abende, an denen sie geöffnet war, nicht ausgenutzt, sondern war, ohne daß es die Familie merkte, im dunkelsten Winkel seines Zimmers gelegen.

Como a veces los caseros cenaban en casa, en el salón común, la puerta del salón permanecía cerrada algunas tardes, pero Gregor se abstenía fácilmente de abrirla, pues no había aprovechado muchas tardes en que estaba abierta, sino que se había tumbado en el rincón más oscuro de su habitación sin que la familia se diera cuenta.

3.2 Einmal aber hatte die Bedienerin die Tür zum Wohnzimmer ein wenig offen gelassen, und sie blieb so offen, auch als die Zimmerherren am Abend eintraten und Licht gemacht wurde.

Una vez, sin embargo, el criado había dejado la puerta del salón un poco abierta, y así permaneció incluso cuando los señores entraron por la noche y se encendió la luz.

3.3 Sie setzten sich oben an den Tisch, wo in früheren Zeiten der Vater, die Mutter und Gregor gegessen hatten, entfalteten die Servietten und nahmen Messer und Gabel in die Hand.

Se sentaron arriba, a la mesa donde antes habían comido su padre, su madre y Gregor, desplegaron las servilletas y cogieron los cuchillos y tenedores.

3.4 Sofort erschien in der Tür die Mutter mit einer Schüssel Fleisch und knapp hinter ihr die Schwester mit einer Schüssel hochgeschichteter Kartoffeln.

Mamá apareció inmediatamente en la puerta con un cuenco de carne y su hermana justo detrás con un cuenco de patatas en capas.

Das Essen dampfte mit starkem Rauch. 3.5

La comida humeaba con fuerza.

Die Zimmerherren beugten sich über die vor sie 3.6
hingestellten Schüsseln, als wollten sie sie vor
dem Essen prüfen, und tatsächlich zerschnitt der,
welcher in der Mitte saß und den anderen zwei als
Autorität zu gelten schien, ein Stück Fleisch noch
auf der Schüssel, offenbar um festzustellen, ob es
mürbe genug sei und ob es nicht etwa in die Küche
zurückgeschickt werden solle.

Los amos de la sala se inclinaron sobre los cuencos
colocados ante ellos como para examinarlos antes de comer
y, de hecho, el que estaba sentado en el centro, que parecía
ser la autoridad sobre los otros dos, cortó un trozo de carne
mientras aún estaba en el cuenco, evidentemente para ver
si estaba lo bastante tierna y no había que devolverla a la
cocina.

Er war befriedigt, und Mutter und Schwester, die 3.7
gespannt zugesehen hatten, begannen aufatmend zu
lächeln.

Quedó satisfecho, y su madre y su hermana, que habían
estado observando atentamente, empezaron a sonreír
aliviadas.

Die Familie selbst aß in der Küche. 4.1

La propia familia comía en la cocina.

Trotzdem kam der Vater, ehe er in die Küche ging, in 4.2
dieses Zimmer herein und machte mit einer einzigen
Verbeugung, die Kappe in der Hand, einen Rundgang
um den Tisch.

Sin embargo, antes de entrar en la cocina, el padre entró en
la sala y con una sola reverencia, gorra en mano, dio una
vuelta alrededor de la mesa.

4.3 **Die Zimmerherren erhoben sich sämtlich und murmelten etwas in ihre Bärte.**
Todos los dueños de la sala se levantaron y murmuraron algo entre dientes.

4.4 **Als sie dann allein waren,**
Cuando se quedaron solos,

4.5 **aßen sie fast unter vollkommenem Stillschweigen.**
comieron en casi completo silencio.

4.6 **Sonderbar schien es Gregor, daß man aus allen mannigfachen Geräuschen des Essens immer wieder ihre kauenden Zähne heraushörte, als ob damit Gregor gezeigt werden sollte, daß man Zähne brauche, um zu essen, und daß man auch mit den schönsten zahnlosen Kiefern nichts ausrichten könne.**
A Gregor le pareció extraño que sus dientes masticadores se oyeran una y otra vez en todos los diversos ruidos de la comida, como si quisieran demostrarle a Gregor que uno necesitaba dientes para comer y que incluso las más bellas mandíbulas desdentadas no podían hacer nada.

4.7 **»Ich habe ja Appetit«, sagte sich Gregor sorgenvoll,**
"Yo sí tengo apetito", se dijo Gregor con ansiedad,

4.8 **»aber nicht auf diese Dinge.**
"pero no para estas cosas.

4.9 **Wie sich diese Zimmerherren nähren,**
Cómo se alimentan estos amos de las habitaciones,

4.10 **und ich komme um!«**
¡y yo me muero!"

Kapitel 16

Capítulo 16

1.1 Gerade an diesem Abend –

Aquella misma noche –

1.2 Gregor erinnerte sich nicht, während der ganzen Zeit die Violine gehört zu haben –

Gregor no recordaba haber oído el violín en todo el tiempo –

1.3 ertönte sie von der Küche her.

sonó desde la cocina.

1.4 Die Zimmerherren hatten schon ihr Nachtmahl beendet, der mittlere hatte eine Zeitung hervorgezogen, den zwei anderen je ein Blatt gegeben, und nun lasen sie zurückgelehnt und rauchten.

Los amos de la sala ya habían terminado de cenar, el del medio había sacado un periódico, les había dado a los otros dos una página a cada uno, y ahora estaban recostados leyendo y fumando.

Als die Violine zu spielen begann, wurden sie 1.5
aufmerksam, erhoben sich und gingen auf
den Fußspitzen zur Vorzimmertür, in der sie
aneinandergedrängt stehen blieben.
Cuando empezó a sonar el violín, se pusieron atentos, se
levantaron y se dirigieron de puntillas a la puerta principal,
donde permanecieron apiñados.

Man mußte sie von der Küche aus gehört haben, 1.6
Debieron de oírlos desde la cocina,

denn der Vater rief: 1.7
porque el padre gritó:

»Ist den Herren das Spiel vielleicht unangenehm? 1.8
"¿Acaso a los señores les incomoda que toquen?

Es kann sofort eingestellt werden.« 1.9
Se puede parar inmediatamente."

»Im Gegenteil«, sagte der mittlere der Herren, 1.10
"Al contrario", dijo el mediano de los caballeros,

»möchte das Fräulein nicht zu uns hereinkommen 1.11
und hier im Zimmer spielen,
"¿no le gustaría a la señorita entrar a jugar aquí en la sala,

wo es doch viel bequemer und gemütlicher ist?« 1.12
donde es mucho más cómodo y acogedor?"

»O bitte«, rief der Vater, als sei er der Violinspieler. 1.13
"Oh, por favor", gritó el padre, como si fuera el violinista.

Die Herren traten ins Zimmer zurück und warteten. 1.14
Los caballeros entraron en la habitación y esperaron.

1.15 Bald kam der Vater mit dem Notenpult,
Pronto llegaron el padre con el atril,

1.16 die Mutter mit den Noten und die Schwester mit der Violine.
la madre con las partituras y la hermana con el violín.

1.17 Die Schwester bereitete alles ruhig zum Spiele vor;
La hermana lo preparó todo tranquilamente para tocar;

1.18 die Eltern, die niemals früher Zimmer vermietet hatten und deshalb die Höflichkeit gegen die Zimmerherren übertrieben, wagten gar nicht, sich auf ihre eigenen Sessel zu setzen;
los padres, que nunca antes habían alquilado habitaciones, y por lo tanto exageraban su cortesía hacia sus amos, no se atrevieron a sentarse en sus propios sillones;

1.19 der Vater lehnte an der Tür,
el padre se apoyó contra la puerta,

1.20 die rechte Hand zwischen zwei Knöpfe des geschlossenen Livreerockes gesteckt;
con la mano derecha entre dos botones de su falda de librea cerrada;

1.21 die Mutter aber erhielt von einem Herrn einen Sessel angeboten und saß, da sie den Sessel dort ließ, wohin ihn der Herr zufällig gestellt hatte, abseits in einem Winkel.
pero a la madre un caballero le ofreció un sillón, y, dejando el sillón donde el caballero lo había colocado por casualidad, se sentó aparte en un rincón.

2.1 Die Schwester begann zu spielen;
La hermana empezó a jugar;

Vater und Mutter verfolgten, jeder von seiner Seite, aufmerksam die Bewegungen ihrer Hände. 2.2
padre y madre, cada uno por su lado, seguían atentamente los movimientos de sus manos.

Gregor hatte, von dem Spiele angezogen, sich ein wenig weiter vorgewagt und war schon mit dem Kopf im Wohnzimmer. 2.3
Gregor, atraído por el juego, se había aventurado un poco más adelante y ya tenía la cabeza en el salón.

Er wunderte sich kaum darüber, daß er in letzter Zeit so wenig Rücksicht auf die andern nahm; 2.4
No le sorprendía que últimamente hubiera mostrado tan poca consideración por los demás;

früher war diese Rücksichtnahme sein Stolz gewesen. 2.5
en el pasado, esta consideración había sido su orgullo.

Und dabei hätte er gerade jetzt mehr Grund gehabt, sich zu verstecken, denn infolge des Staubes, der in seinem Zimmer überall lag und bei der kleinsten Bewegung umherflog, war auch er ganz staubbedeckt; 2.6
Y, sin embargo, ahora habría tenido más motivos para esconderse, pues, debido al polvo que había por todas partes en su habitación y que volaba a su alrededor al menor movimiento, él también estaba completamente cubierto de polvo;

Fäden, Haare, Speiseüberreste schleppte er auf seinem Rücken und an den Seiten mit sich herum; 2.7
hilos, pelos, restos de comida, arrastraba por la espalda y los costados;

2.8 seine Gleichgültigkeit gegen alles war viel zu groß, als daß er sich, wie früher mehrmals während des Tages, auf den Rücken gelegt und am Teppich gescheuert hätte.

su indiferencia hacia todo era demasiado grande como para tumbarse de espaldas y frotarse contra la alfombra, como había hecho varias veces durante el día.

2.9 Und trotz dieses Zustandes hatte er keine Scheu,

Y a pesar de este estado,

2.10 ein Stück auf dem makellosen Fußboden des Wohnzimmers vorzurücken.

no temía avanzar un poco sobre el suelo inmaculado del salón.

3.1 Allerdings achtete auch niemand auf ihn.

Sin embargo, nadie le prestó atención.

3.2 Die Familie war gänzlich vom Violinspiel in Anspruch genommen;

La familia estaba completamente absorta en la interpretación del violín;

die Zimmerherren dagegen, die zunächst, die Hände 3.3
in den Hosentaschen, viel zu nahe hinter dem
Notenpult der Schwester sich aufgestellt hatten,
so daß sie alle in die Noten hätten sehen können, was
sicher die Schwester stören mußte, zogen sich bald
unter halblauten Gesprächen mit gesenkten Köpfen
zum Fenster zurück, wo sie, vom Vater besorgt
beobachtet, auch blieben.

los dueños de la sala, por el contrario, que al principio se
habían colocado demasiado cerca, detrás del atril de la
hermana, con las manos en los bolsillos del pantalón, para
poder mirar todos a la música, lo que seguramente habría
molestado a la hermana, pronto se retiraron a la ventana
con las cabezas inclinadas en conversaciones a media voz,
donde permanecieron, observados con ansiedad por su
padre.

Es hatte nun wirklich den überdeutlichen Anschein, 3.4
als wären sie in ihrer Annahme, ein schönes oder
unterhaltendes Violinspiel zu hören, enttäuscht,
hätten die ganze Vorführung satt und ließen sich nur
aus Höflichkeit noch in ihrer Ruhe stören.

Realmente parecía como si estuvieran defraudados
en su expectativa de escuchar una bella o entretenida
interpretación de violín, estuvieran hartos de todo el
espectáculo y sólo se dejaran molestar por educación.

Besonders die Art, wie sie alle aus Nase und Mund 3.5
den Rauch ihrer Zigarren in die Höhe bliesen, ließ
auf große Nervosität schließen.

La forma en que todos expulsaban el humo de sus puros por
la nariz y la boca sugería que estaban muy nerviosos.

Und doch spielte die Schwester so schön. 3.6

Sin embargo, la hermana tocaba de maravilla.

Ihr Gesicht war zur Seite geneigt, 3.7

Tenía la cara inclinada hacia un lado,

3.8 prüfend und traurig folgten ihre Blicke den Notenzeilen.

los ojos escrutadores y tristes siguiendo los pentagramas.

3.9 Gregor kroch noch ein Stück vorwärts und hielt den Kopf eng an den Boden, um möglicherweise ihren Blicken begegnen zu können.

Gregor se arrastró un poco más hacia delante y acercó la cabeza al suelo para poder encontrarse con su mirada.

3.10 War er ein Tier, da ihn Musik so ergriff?

¿Era un animal porque le conmovía la música?

3.11 Ihm war, als zeige sich ihm der Weg zu der ersehnten unbekannten Nahrung.

Sentía como si el camino hacia el anhelado alimento desconocido se le estuviera mostrando.

3.12 Er war entschlossen, bis zur Schwester vorzudringen, sie am Rock zu zupfen und ihr dadurch anzudeuten, sie möge doch mit ihrer Violine in sein Zimmer kommen, denn niemand lohnte hier das Spiel so, wie er es lohnen wollte.

Estaba decidido a llegar hasta su hermana, a tirarle de la falda e insinuarle que podía entrar en su habitación con su violín, pues aquí nadie recompensaba la interpretación como él quería recompensarla.

3.13 Er wollte sie nicht mehr aus seinem Zimmer lassen, wenigstens nicht, solange er lebte;

No quería dejarla salir de su habitación, al menos mientras viviera;

3.14 seine Schreckgestalt sollte ihm zum erstenmal nützlich werden;

su espantosa figura iba a serle útil por primera vez;

an allen Türen seines Zimmers wollte er gleichzeitig 3.15
sein und den Angreifern entgegenfauchen;
queria estar en todas las puertas de su habitación al mismo
tiempo y silbar a los atacantes;

die Schwester aber sollte nicht gezwungen, sondern 3.16
freiwillig bei ihm bleiben;
la hermana, sin embargo, no debía ser obligada a quedarse
con él, sino que debía quedarse voluntariamente;

sie sollte neben ihm auf dem Kanapee sitzen, das 3.17
Ohr zu ihm herunterneigen, und er wollte ihr dann
anvertrauen, daß er die feste Absicht gehabt habe,
sie auf das Konservatorium zu schicken, und daß er
dies, wenn nicht das Unglück dazwischen gekommen
wäre, vergangene Weihnachten –
Ella debía sentarse a su lado en el canapé, inclinando la
oreja hacia él, y entonces él le confiaría que había tenido
la firme intención de enviarla al conservatorio, y que, de
no haber sido por la desgracia, se lo habría dicho a todo el
mundo esta última Navidad –

Weihnachten war doch wohl schon vorüber? 3.18
¿seguramente la Navidad ya había terminado?

– allen gesagt hätte, ohne sich um irgendwelche 3.19
Widerreden zu kümmern.
– se lo habría dicho a todo el mundo sin preocuparse de
ninguna objeción.

3.20 Nach dieser Erklärung würde die Schwester in Tränen der Rührung ausbrechen, und Gregor würde sich bis zu ihrer Achsel erheben und ihren Hals küssen, den sie, seitdem sie ins Geschäft ging, frei ohne Band oder Kragen trug.

Tras esta explicación, la hermana rompía a llorar de emoción, y Gregor se le subía a la axila y le besaba el cuello, que llevaba libremente sin lazo ni cuello desde que entró en el negocio.

4.1 »Herr Samsa!«

"¡Señor Samsa!"

4.2 rief der mittlere Herr dem Vater zu und zeigte, ohne ein weiteres Wort zu verlieren, mit dem Zeigefinger auf den langsam sich vorwärtsbewegenden Gregor.

llamó el mediano a su padre y, sin decir otra palabra, señaló con el dedo índice a Gregor, que avanzaba lentamente.

4.3 Die Violine verstummte, der mittlere Zimmerherr lächelte erst einmal kopfschüttelnd seinen Freunden zu und sah dann wieder auf Gregor hin.

El violín enmudeció, el mediano sonrió a sus amigos, meneando la cabeza, y luego volvió a mirar a Gregor.

4.4 Der Vater schien es für nötiger zu halten, statt Gregor zu vertreiben, vorerst die Zimmerherren zu beruhigen, trotzdem diese gar nicht aufgeregt waren und Gregor sie mehr als das Violinspiel zu unterhalten schien.

En lugar de ahuyentar a Gregor, el padre pareció pensar que era más necesario calmar de momento a los dueños de la sala, aunque no estaban nada alterados y Gregor parecía entretenerles más que el violín tocando.

Er eilte zu ihnen und suchte sie mit ausgebreiteten 4.5
Armen in ihr Zimmer zu drängen und gleichzeitig
mit seinem Körper ihnen den Ausblick auf Gregor zu
nehmen.

Se apresuró hacia ellos y trató de empujarlos a su
habitación con los brazos extendidos, utilizando al mismo
tiempo su cuerpo para bloquearles la vista de Gregor.

Sie wurden nun tatsächlich ein wenig böse, man 4.6
wußte nicht mehr, ob über das Benehmen des Vaters
oder über die ihnen jetzt aufgehende Erkenntnis,
ohne es zu wissen, einen solchen Zimmernachbar
wie Gregor besessen zu haben.

Ahora sí que estaban un poco enfadados, no sabían si por
el comportamiento de su padre o por darse cuenta de que
ahora tenían un compañero de habitación como Gregor sin
saberlo.

Sie verlangten vom Vater Erklärungen, hoben 4.7
ihrerseits die Arme, zupften unruhig an ihren Bärten
und wichen nur langsam gegen ihr Zimmer zurück.

Exigieron explicaciones a su padre, levantaron los brazos,
se tiraron inquietos de la barba y sólo lentamente volvieron
hacia su habitación.

4.8 Inzwischen hatte die Schwester die Verlorenheit, in die sie nach dem plötzlich abgebrochenen Spiel verfallen war, überwunden, hatte sich, nachdem sie eine Zeit lang in den lässig hängenden Händen Violine und Bogen gehalten und weiter, als spiele sie noch, in die Noten gesehen hatte, mit einem Male aufgerafft, hatte das Instrument auf den Schoß der Mutter gelegt, die in Atembeschwerden mit heftig arbeitenden Lungen noch auf ihrem Sessel saß, und war in das Nebenzimmer gelaufen, dem sich die Zimmerherren unter dem Drängen des Vaters schon schneller näherten.

Entretanto, la hermana había superado el desamparo en que había caído tras la repentina interrupción de la interpretación, y después de sostener durante un rato el violín y el arco en sus despreocupadas manos colgantes y de seguir mirando la partitura como si aún estuviera tocando, se había recompuesto de pronto, había depositado el instrumento en el regazo de su madre, que seguía sentada en su sillón con dificultades respiratorias y con los pulmones fatigándose violentamente, y había corrido hacia la habitación contigua, a la que los dueños de la habitación se acercaban ya con mayor rapidez bajo la insistencia de su padre.

4.9 Man sah, wie unter den geübten Händen der Schwester die Decken und Polster in den Betten in die Höhe flogen und sich ordneten.

Se podía ver cómo las mantas y los cojines de las camas volaban y se acomodaban bajo las hábiles manos de la enfermera.

4.10 Noch ehe die Herren das Zimmer erreicht hatten,

Antes de que los caballeros hubieran llegado a la habitación,

173

war sie mit dem Aufbetten fertig und schlüpfte heraus. 4.11

ella ya había terminado de preparar las camas y se había escabullido.

Der Vater schien wieder von seinem Eigensinn derartig ergriffen, daß er jeden Respekt vergaß, den er seinen Mietern immerhin schuldete. 4.12

El padre pareció de nuevo tan llevado por su obstinación que olvidó todo el respeto que debía a sus inquilinos.

Er drängte nur und drängte, 4.13

Se limitó a empujar y empujar hasta que el caballero mediano dio un estruendoso pisotón en la puerta de la habitación,

bis schon in der Tür des Zimmers der mittlere der Herren donnernd mit dem Fuß aufstampfte und dadurch den Vater zum Stehen brachte. 4.14

haciendo que su padre se detuviera.

»Ich erkläre hiermit«, sagte er, hob die Hand und suchte mit den Blicken auch die Mutter und die Schwester, 4.15

"Por la presente declaro", dijo levantando la mano y mirando a su madre y a su hermana,

»daß ich mit Rücksicht auf die in dieser Wohnung und Familie herrschenden widerlichen Verhältnisse« 4.16

"que en vista de las repugnantes condiciones que reinan en este piso y en esta familia"

– hierbei spie er kurz entschlossen auf den Boden – 4.17

– escupió resueltamente al suelo –

»mein Zimmer augenblicklich kündige. 4.18

"renuncio inmediatamente a mi habitación.

4.19 Ich werde natürlich auch für die Tage, die ich hier gewohnt habe, nicht das Geringste bezahlen, dagegen werde ich es mir noch überlegen, ob ich nicht mit irgendwelchen –

Por supuesto, no pagaré nada por los días que he vivido aquí, pero consideraré si no voy a presentar alguna reclamación –

4.20 glauben Sie mir –

créanme –

4.21 sehr leicht zu begründenden Forderungen gegen Sie auftreten werde.«

muy fácilmente justificable contra ustedes."

4.22 Er schwieg und sah gerade vor sich hin, als erwarte er etwas.

Permaneció en silencio y miró al frente como si esperara algo.

4.23 Tatsächlich fielen sofort seine zwei Freunde mit den Worten ein:

De hecho, sus dos amigos intervinieron inmediatamente con estas palabras:

4.24 »Auch wir kündigen augenblicklich.«

"Nosotros también cancelamos inmediatamente."

4.25 Darauf faßte er die Türklinke und schloß mit einem Krach die Tür.

Entonces agarró el picaporte y cerró la puerta de golpe.

Kapitel 17
Capítulo 17

1.1 Der Vater wankte mit tastenden Händen zu seinem Sessel und ließ sich in ihn fallen;

Su padre se tambaleó a tientas hasta su sillón y se dejó caer en él;

1.2 es sah aus, als strecke er sich zu seinem gewöhnlichen Abendschläfchen, aber das starke Nicken seines wie haltlosen Kopfes zeigte, daß er ganz und gar nicht schlief.

parecía que se estaba estirando para su habitual siesta nocturna, pero el vigoroso movimiento de la cabeza, como si no tuviera apoyo, demostraba que no estaba dormido en absoluto.

1.3 Gregor war die ganze Zeit still auf dem Platz gelegen, auf dem ihn die Zimmerherren ertappt hatten.

Gregor había permanecido inmóvil todo el tiempo en el lugar donde los amos de la habitación lo habían atrapado.

Die Enttäuschung über das Mißlingen seines Planes, vielleicht aber auch die durch das viele Hungern verursachte Schwäche machten es ihm unmöglich, sich zu bewegen.

1.4

La decepción por el fracaso de su plan, o tal vez la debilidad causada por el hambre, le impedían moverse.

Er fürchtete mit einer gewissen Bestimmtheit schon für den nächsten Augenblick einen allgemeinen über ihn sich entladenden Zusammensturz und wartete.

1.5

Temía con cierta certeza que en el momento siguiente le sobrevendría un colapso general y esperó.

Nicht einmal die Violine schreckte ihn auf, die, unter den zitternden Fingern der Mutter hervor, ihr vom Schoße fiel und einen hallenden Ton von sich gab.

1.6

Ni siquiera le sobresaltó el violín, que cayó del regazo de su madre bajo sus dedos temblorosos y emitió un sonido resonante.

»Liebe Eltern«, sagte die Schwester und schlug zur Einleitung mit der Hand auf den Tisch, »so geht es nicht weiter.

2.1

"Queridos padres - dijo la hermana, dando una palmada en la mesa a modo de introducción-, esto no puede seguir así.

Wenn ihr das vielleicht nicht einsehet, ich sehe es ein.

2.2

Puede que vosotros no os deis cuenta, pero yo sí.

Ich will vor diesem Untier nicht den Namen meines Bruders aussprechen,

2.3

No quiero pronunciar el nombre de mi hermano delante de este monstruo,

2.4 und sage daher bloß: wir müssen versuchen, es loszuwerden.

así que sólo diré: tenemos que intentar deshacernos de él.

2.5 Wir haben das Menschenmögliche versucht, es zu pflegen und zu dulden, ich glaube, es kann uns niemand den geringsten Vorwurf machen.«

Hemos hecho todo lo posible por cuidarlo y tolerarlo, y no creo que nadie pueda culparnos lo más mínimo."

2.6 »Sie hat tausendmal Recht«, sagte der Vater für sich.

"Tiene mil veces razón", se dijo el padre.

2.7 Die Mutter, die noch immer nicht genug Atem finden konnte, fing in die vorgehaltene Hand mit einem irrsinnigen Ausdruck der Augen dumpf zu husten an.

La madre, aún incapaz de recuperar el aliento, empezó a toser ahogadamente en la mano que le tendía con una expresión de locura en los ojos.

3.1 Die Schwester eilte zur Mutter und hielt ihr die Stirn.

La hermana corrió hacia su madre y le sostuvo la frente.

3.2 Der Vater schien durch die Worte der Schwester auf bestimmtere Gedanken gebracht zu sein, hatte sich aufrecht gesetzt, spielte mit seiner Dienermütze zwischen den Tellern, die noch vom Nachtmahl der Zimmerherren her auf dem Tische lagen, und sah bisweilen auf den stillen Gregor hin.

El padre, al que las palabras de la hermana habían llevado a pensamientos más definidos, se había sentado erguido, jugaba con su gorra de criado entre los platos que aún quedaban sobre la mesa de la cena de las camareras, y de vez en cuando miraba al callado Gregor.

»Wir müssen es loszuwerden suchen«, sagte die 4.1
Schwester nun ausschließlich zum Vater, denn die
Mutter hörte in ihrem Husten nichts,

"Tenemos que intentar librarnos de él", le dijo ahora la
hermana a su padre a solas, pues su madre no oía nada al
toser,

»es bringt euch noch beide um, ich sehe es kommen. 4.2

"os matará a los dos, ya lo veo venir.

Wenn man schon so schwer arbeiten muß, wie wir 4.3
alle, kann man nicht noch zu Hause diese ewige
Quälerei ertragen.

Si tienes que trabajar tanto como todos nosotros, no puedes
seguir sufriendo este tormento eterno en casa.

Ich kann es auch nicht mehr.« 4.4

Yo tampoco puedo más."

Und sie brach so heftig in Weinen aus, daß ihre 4.5
Tränen auf das Gesicht der Mutter niederflossen,
von dem sie sie mit mechanischen Handbewegungen
wischte.

Y rompió a llorar tan violentamente que sus lágrimas
cayeron sobre la cara de su madre, que las enjugó con
movimientos mecánicos de las manos.

»Kind«, sagte der Vater mitleidig und mit 5.1
auffallendem Verständnis,

"Niña", dijo el padre compasivamente y con sorprendente
comprensión,

»was sollen wir aber tun?« 5.2

"¿qué se supone que debemos hacer?"

6.1 **Die Schwester zuckte nur die Achseln zum Zeichen der Ratlosigkeit,**
La enfermera se limitó a encogerse de hombros en señal de la impotencia que ahora se había apoderado de ella mientras lloraba,

6.2 **die sie nun während des Weinens im Gegensatz zu ihrer früheren Sicherheit ergriffen hatte.**
en contraste con su anterior seguridad.

7.1 **»Wenn er uns verstünde«, sagte der Vater halb fragend;**
"Si nos entendiera", dijo el padre medio interrogante;

7.2 **die Schwester schüttelte aus dem Weinen heraus heftig die Hand zum Zeichen,**
la hermana sacudió violentamente la mano de su llanto,

7.3 **daß daran nicht zu denken sei.**
dando a entender que eso estaba fuera de lugar.

8.1 **»Wenn er uns verstünde«, wiederholte der Vater und nahm durch Schließen der Augen die Überzeugung der Schwester von der Unmöglichkeit dessen in sich auf,**
"Si nos comprendiera", repitió el padre, cerrando los ojos y asimilando la convicción de la hermana de que eso era imposible,

8.2 **»dann wäre vielleicht ein Übereinkommen mit ihm möglich.**
"entonces tal vez sería posible un acuerdo con él.

8.3 **Aber so – «**
Pero así – "

»Weg muß es«, rief die Schwester, »das ist das einzige Mittel, 9.1
"Debe irse", gritó la hermana, "es la única manera,

Vater. 9.2
padre.

Du mußt bloß den Gedanken loszuwerden suchen, daß es Gregor ist. 9.3
Sólo debes intentar deshacerte de la idea de que es Gregor.

Daß wir es solange geglaubt haben, das ist ja unser eigentliches Unglück. 9.4
Que lo hayamos creído durante tanto tiempo es nuestra verdadera desgracia.

Aber wie kann es denn Gregor sein? 9.5
¿Pero cómo puede ser Gregory?

Wenn es Gregor wäre, er hätte längst eingesehen, daß ein Zusammenleben von Menschen mit einem solchen Tier nicht möglich ist, und wäre freiwillig fortgegangen. 9.6
Si fuera Gregory, hace tiempo que se habría dado cuenta de que no es posible convivir con semejante animal y se habría marchado voluntariamente.

Wir hätten dann keinen Bruder, 9.7
Entonces no tendríamos hermano,

aber könnten weiter leben und sein Andenken in Ehren halten. 9.8
pero podríamos seguir viviendo y honrar su memoria.

9.9 So aber verfolgt uns dieses Tier, vertreibt die Zimmerherren, will offenbar die ganze Wohnung einnehmen und uns auf der Gasse übernachten lassen.

Pero así las cosas, este animal nos persigue, ahuyenta a los caseros, parece que quiere apoderarse de todo el piso y hacernos pasar la noche en el callejón.

9.10 Sieh nur, Vater«, schrie sie plötzlich auf,

Mira, padre", gritó de pronto,

9.11 »er fängt schon wieder an!«

"¡está empezando otra vez!"

9.12 Und in einem für Gregor gänzlich unverständlichen Schrecken verließ die Schwester sogar die Mutter, stieß sich förmlich von ihrem Sessel ab, als wollte sie lieber die Mutter opfern, als in Gregors Nähe bleiben, und eilte hinter den Vater, der, lediglich durch ihr Benehmen erregt, auch aufstand und die Arme wie zum Schutze der Schwester vor ihr halb erhob.

Y en un susto que Gregor no pudo comprender, la hermana dejó incluso a su madre, se apartó literalmente de su silla, como si prefiriera sacrificar a su madre antes que quedarse cerca de Gregor, y se precipitó detrás de su padre, que, sólo excitado por su comportamiento, también se levantó y medio levantó los brazos delante de ella como si quisiera proteger a su hermana.

10.1 Aber Gregor fiel es doch gar nicht ein,

Pero a Gregor no se le ocurrió querer asustar a nadie,

10.2 irgend jemandem und gar seiner Schwester Angst machen zu wollen.

y mucho menos a su hermana.

Er hatte bloß angefangen sich umzudrehen, 10.3
um in sein Zimmer zurückzuwandern, und das
nahm sich allerdings auffallend aus, da er infolge
seines leidenden Zustandes bei den schwierigen
Umdrehungen mit seinem Kopfe nachhelfen mußte,
den er hierbei viele Male hob und gegen den Boden
schlug.

Acababa de empezar a darse la vuelta para volver a su
habitación, y eso era bastante notable, ya que tenía que
ayudarse en los difíciles giros con la cabeza, que levantaba
muchas veces y golpeaba contra el suelo.

Er hielt inne und sah sich um. 10.4

Se detuvo y miró a su alrededor.

Seine gute Absicht schien erkannt worden zu sein; 10.5

Su buena intención parecía haber sido reconocida;

es war nur ein augenblicklicher Schrecken gewesen. 10.6

sólo había sido un susto momentáneo.

Nun sahen ihn alle schweigend und traurig an. 10.7

Ahora todos le miraban en silencio y con tristeza.

Die Mutter lag, die Beine ausgestreckt und 10.8
aneinandergedrückt, in ihrem Sessel, die Augen
fielen ihr vor Ermattung fast zu;

Su madre estaba tumbada en su sillón, con las piernas
estiradas y apretadas, los ojos casi cerrados por el
cansancio;

der Vater und die Schwester saßen nebeneinander, 10.9

su padre y su hermana estaban sentados uno al lado del
otro,

10.10 die Schwester hatte ihre Hand um des Vaters Hals gelegt.
su hermana tenía la mano alrededor del cuello de su padre.

11.1 »Nun darf ich mich schon vielleicht umdrehen«,
"Quizá ahora pueda dar la vuelta",

11.2 dachte Gregor und begann seine Arbeit wieder.
pensó Gregor y comenzó de nuevo su trabajo.

11.3 Er konnte das Schnaufen der Anstrengung nicht unterdrücken und mußte auch hier und da ausruhen.
No podía reprimir los jadeos del esfuerzo y tenía que descansar aquí y allá.

12.1 Im übrigen drängte ihn auch niemand,
Nadie le empujó tampoco,

12.2 es war alles ihm selbst überlassen.
todo dependía de él.

12.3 Als er die Umdrehung vollendet hatte, fing er sofort an, geradeaus zurückzuwandern.
Cuando hubo completado el giro, comenzó inmediatamente a caminar hacia atrás.

12.4 E staunte über die große Entfernung, die ihn von seinem Zimmer trennte, und begriff gar nicht, wie er bei seiner Schwäche vor kurze Zeit den gleichen Weg, fast ohne es zu merken, zurückgelegt hatte.
E se asombraba de la gran distancia que le separaba de su habitación y no se daba cuenta de cómo, dada su debilidad, había recorrido la misma distancia hacía poco tiempo, casi sin darse cuenta.

Immerfort nur auf rasches Kriechen bedacht, achtete 12.5
er kaum da auf, daß kein Wort, kein Ausruf seiner
Familie ihn störte.

Siempre atento a gatear con rapidez, apenas prestó
atención al hecho de que ninguna palabra o exclamación de
su familia le perturbara.

Kapitel 18

Capítulo 18

1.1 Erst als er schon in der Tür war, wendete er den Kopf, nicht vollständig, denn er fühlte den Hals steif werden, immerhin sah er noch, daß sich hinter ihm nichts verändert hatte, nur die Schwester war aufgestanden.
Sólo cuando ya estaba en el umbral de la puerta giró la cabeza, no del todo, porque sintió que se le agarrotaba el cuello, pero aún así pudo ver que detrás de él no había cambiado nada, sólo se había levantado su hermana.

1.2 Sein letzter Blick streifte die Mutter,
Su última mirada fue para su madre,

1.3 die nun völlig eingeschlafen war.
que ahora estaba completamente dormida.

2.1 Kaum war er innerhalb seines Zimmers,
En cuanto entró en su habitación,

2.2 wurde die Tür eiligst zu gedrückt festgeriegelt und versperrt.
la puerta se cerró a toda prisa.

Über den plötzlichen Lärm hinter sich erschrak
Gregor so, daß ihm die Beinchen einknickten. 2.3
Gregor se sobresaltó tanto al oír un ruido detrás de él que se
le doblaron las piernas.

Es war die Schwester, die sich so beeilt hatte. 2.4
Era la enfermera que había entrado corriendo.

Aufrecht war sie schon da gestanden und 2.5
hatte gewartet, leichtfüßig war sie dann
vorwärtsgesprungen, Gregor hatte sie gar nicht
kommen hören, und ein
Gregor ni siquiera la había oído llegar, y ella gritó

»Endlich!« 2.6
"¡Por fin!"

rief sie den Eltern zu, während sie den Schlüssel im 2.7
Schloß umdrehte.
a sus padres mientras giraba la llave en la cerradura.

»Und jetzt?« 3.1
"¿Y ahora qué?"

fragte sich Gregor und sah sich im Dunkeln um. 3.2
se preguntó Gregor y miró a su alrededor en la oscuridad.

Er machte bald die Entdeckung, daß er sich nun 3.3
überhaupt nicht mehr rühren konnte.
Pronto descubrió que ya no podía moverse en absoluto.

Er wunderte sich darüber nicht, eher kam es ihm 3.4
unnatürlich vor, daß er sich bis jetzt tatsächlich mit
diesen dünnen Beinchen hatte fortbewegen können.
No le sorprendió, más bien le pareció antinatural que hasta
ahora hubiera podido moverse con esas piernecitas tan
delgadas.

3.5 Im übrigen fühlte er sich verhältnismäßig behaglich.
Por lo demás, se sentía relativamente cómodo.

3.6 Er hatte zwar Schmerzen im ganzen Leib, aber ihm
war, als würden sie allmählich schwächer und
schwächer und würden schließlich ganz vergehen.
Tenía dolores por todo el cuerpo, pero sentía como si se
fueran debilitando poco a poco hasta desaparecer por
completo.

3.7 Den verfaulten Apfel in seinem Rücken und die
entzündete Umgebung, die ganz von weichem Staub
bedeckt waren, spürte er schon kaum.
Apenas podía sentir la manzana podrida de su espalda y
los alrededores inflamados, que estaban completamente
cubiertos de polvo blando.

3.8 An seine Familie dachte er mit Rührung und Liebe
zurück.
Pensó en su familia con emoción y amor.

3.9 Seine Meinung darüber, daß er verschwinden müsse,
war womöglich noch entschiedener, als die seiner
Schwester.
Su opinión de que tenía que desaparecer era quizá incluso
más fuerte que la de su hermana.

3.10 In diesem Zustand leeren und friedlichen
Nachdenkens blieb er, bis die Turmuhr die dritte
Morgenstunde schlug.
Permaneció en este estado de reflexión vacía y apacible
hasta que el reloj de la torre dio la tercera hora de la
mañana.

3.11 Den Anfang des allgemeinen Hellerwerdens draußen
vor dem Fenster erlebte er noch.
Fue testigo del comienzo del amanecer general al otro lado
de la ventana.

Dann sank sein Kopf ohne seinen Willen gänzlich nieder,   3.12
Entonces su cabeza se hundió completamente sin su voluntad,

und aus seinen Nüstern strömte sein letzter Atem schwach hervor.   3.13
y su último aliento fluyó débilmente de sus fosas nasales.

Als am frühen Morgen die Bedienerin kam – vor lauter Kraft und Eile schlug sie, wie oft man sie auch schon gebeten hatte, das zu vermeiden, alle Türen derartig zu, daß in der ganzen Wohnung von ihrem Kommen an kein ruhiger Schlaf mehr möglich war –, fand sie bei ihrem gewöhnlichen kurzen Besuch an Gregor zuerst nichts Besonderes.   4.1
Cuando la sirvienta llegó por la mañana temprano - de puro vigor y prisa, cerraba todas las puertas con tal fuerza, por más que se le había pedido que lo evitara, que era imposible dormir tranquilamente en todo el piso desde el momento en que llegaba-, no encontró nada especial en Gregor durante su breve visita habitual.

Sie dachte,   4.2
Pensó que estaba allí tumbado tan inmóvil a propósito,

er liege absichtlich so unbeweglich da und spiele den Beleidigten;   4.3
haciéndose el insultado;

sie traute ihm allen möglichen Verstand zu.   4.4
le creía con todo el sentido del mundo.

Weil sie zufällig den langen Besen in der Hand hielt,   4.5
Como casualmente tenía la larga escoba en la mano,

190

4.6 suchte sie mit ihm Gregor von der Tür aus zu kitzeln.
intentó hacerle cosquillas a Gregor con ella desde la puerta.

4.7 Als sich auch da kein Erfolg zeigte, wurde sie ärgerlich und stieß ein wenig in Gregor hinein, und erst als sie ihn ohne jeden Widerstand von seinem Platze geschoben hatte, wurde sie aufmerksam.
Como tampoco tuvo éxito, se enfadó y atizó un poco a Gregor, y sólo cuando lo hubo empujado fuera de su sitio sin que opusiera resistencia, se dio por enterada.

4.8 Als sie bald den wahren Sachverhalt erkannte, machte sie große Augen, pfiff vor sich hin, hielt sich aber nicht lange auf, sondern riß die Tür des Schlafzimmers auf und rief mit lauter Stimme in das Dunkel hinein:
Cuando se dio cuenta del verdadero estado de las cosas, sus ojos se abrieron de par en par, silbó para sus adentros, pero no se entretuvo mucho, sino que abrió de un tirón la puerta del dormitorio y gritó en voz alta en la oscuridad:

4.9 »Sehen Sie nur mal an, es ist krepiert; da liegt es,
"¡Míralo, está croado; está ahí tirado,

4.10 ganz und gar krepiert!«
total y absolutamente croado!"

5.1 Das Ehepaar Samsa saß im Ehebett aufrecht da und hatte zu tun, den Schrecken über die Bedienerin zu verwinden, ehe es dazu kam, ihre Meldung aufzufassen.
El señor y la señora Samsa se sentaron erguidos en su lecho conyugal y tuvieron que reponerse del susto que les produjo la criada antes de poder entender su mensaje.

Dann aber stiegen Herr und Frau Samsa, jeder auf seiner Seite, eiligst aus dem Bett, Herr Samsa warf die Decke über seine Schultern, Frau Samsa kam nur im Nachthemd hervor; so traten sie in Gregors Zimmer. 5.2

Pero entonces el señor y la señora Samsa salieron de la cama a toda prisa, cada uno por su lado, el señor Samsa se echó las mantas sobre los hombros, la señora Samsa salió en camisón y entraron en la habitación de Gregor.

Inzwischen hatte sich auch die Tür des Wohnzimmers geöffnet, 5.3

Entretanto se había abierto la puerta del salón,

in dem Grete seit dem Einzug der Zimmerherren schlief; 5.4

donde Grete dormía desde que habían entrado los señores;

sie war völlig angezogen, als hätte sie gar nicht geschlafen, auch ihr bleiches Gesicht schien das zu beweisen. 5.5

estaba completamente vestida, como si no hubiera dormido nada, y su rostro pálido parecía demostrarlo.

»Tot?« 5.6

"¿Muerta?"

sagte Frau Samsa und sah fragend zur Bedienerin auf, trotzdem sie doch alles selbst prüfen und sogar ohne Prüfung erkennen konnte. 5.7

dijo la señora Samsa, mirando interrogativamente a la criada, aunque ella misma podía comprobarlo todo e incluso reconocerlo sin comprobarlo.

»Das will ich meinen«, 5.8

"A eso me refiero",

5.9 sagte die Bedienerin und stieß zum Beweis Gregors Leiche mit dem Besen noch ein großes Stück seitwärts.

dijo el criado y empujó el cuerpo de Gregor un buen trecho hacia un lado con la escoba para demostrarlo.

5.10 Frau Samsa machte eine Bewegung, als wolle sie den Besen zurückhalten, tat es aber nicht.

La señora Samsa hizo un movimiento como si quisiera retener la escoba, pero no lo hizo.

5.11 »Nun«, sagte Herr Samsa,

"Bien", dijo el señor Samsa,

5.12 »jetzt können wir Gott danken.«

"ahora podemos dar gracias a Dios."

5.13 Er bekreuzte sich, und die drei Frauen folgten seinem Beispiel.

Se persignó y las tres mujeres siguieron su ejemplo.

6.1 Grete, die kein Auge von der Leiche wendete, sagte:

Grete, que no apartaba los ojos del cadáver, dijo:

6.2 »Seht nur, wie mager er war.

"Mira qué delgado estaba.

6.3 Er hat ja auch schon so lange Zeit nichts gegessen.

No había comido en mucho tiempo.

6.4 So wie die Speisen hereinkamen,

Como entraba la comida,

6.5 sind sie wieder hinausgekommen.«

volvía a salir."

Tatsächlich war Gregors Körper vollständig flach und 6.6
trocken, man erkannte das eigentlich erst jetzt, da er
nicht mehr von den Beinchen gehoben war und auch
sonst nichts den Blick ablenkte.
En efecto, el cuerpo de Gregor estaba completamente plano
y seco, lo que sólo era realmente reconocible ahora que ya
no lo levantaban las piernas y nada más distraía la vista.

»Komm, Grete, auf ein Weilchen zu uns herein«, 7.1
sagte Frau Samsa mit einem wehmütigen
Lächeln, und Grete ging, nicht ohne nach der
Leiche zurückzusehen, hinter den Eltern in das
Schlafzimmer.
"Entra un momento, Grete", dijo la señora Samsa con una
sonrisa melancólica, y Grete, no sin volver la vista hacia el
cadáver, entró detrás de sus padres en el dormitorio.

Die Bedienerin schloß die Tür und öffnete gänzlich 7.2
das Fenster.
La criada cerró la puerta y abrió la ventana del todo.

Trotz des frühen Morgens war der frischen Luft 7.3
schon etwas Lauigkeit beigemischt.
A pesar de lo temprano que había amanecido, el aire fresco
era ya algo agradable.

Es war eben schon Ende März. 7.4
Ya era finales de marzo.

Aus ihrem Zimmer traten die drei Zimmerherren 8.1
und sahen sich erstaunt nach ihrem Frühstück um;
Los tres señores salieron de su habitación y miraron
asombrados a su alrededor en busca de su desayuno;

man hatte sie vergessen. »Wo ist das Frühstück?« 8.2
se habían olvidado de ellos. "¿Dónde está el desayuno?"

8.3 **fragte der mittlere der Herren mürrisch die Bedienerin.**

preguntó malhumorado el caballero del medio a la sirvienta.

8.4 **Diese aber legte den Finger an den Mund und winkte dann hastig und schweigend den Herren zu, sie möchten in Gregors Zimmer kommen.**

Pero ella se llevó el dedo a la boca y luego, apresurada y silenciosamente, hizo señas a los señores para que entraran en la habitación de Gregor.

8.5 **Sie kamen auch und standen dann, die Hände in den Taschen ihrer etwas abgenutzten Röckchen, in dem nun schon ganz hellen Zimmer um Gregors Leiche herum.**

Acudieron y, con las manos en los bolsillos de sus faldas algo gastadas, se colocaron alrededor del cuerpo de Gregor en la habitación, ahora muy luminosa.

9.1 **Da öffnete sich die Tür des Schlafzimmers, und Herr Samsa erschien in seiner Livree an einem Arm seine Frau, am anderen seine Tochter.**

Entonces se abrió la puerta del dormitorio y apareció el señor Samsa en su librea con su mujer en un brazo y su hija en el otro.

9.2 **Alle waren ein wenig verweint;**

Todos estaban un poco llorosos;

9.3 **Grete drückte bisweilen ihr Gesicht an den Arm des Vaters.**

Grete apretaba de vez en cuando la cara contra el brazo de su padre.

10.1 **»Verlassen Sie sofort meine Wohnung!«**

"¡Salgan inmediatamente de mi piso!"

195

sagte Herr Samsa und zeigte auf die Tür, 10.2
dijo el señor Samsa,

ohne die Frauen von sich zu lassen. 10.3
señalando la puerta sin dejar salir a las mujeres.

»Wie meinen Sie das?« 10.4
"¿Qué quiere decir?"

sagte der mittlere der Herren etwas bestürzt und 10.5
lächelte süßlich.
dijo el mediano de los caballeros, algo consternado y
sonriendo dulcemente.

Die zwei anderen hielten die Hände auf dem Rücken 10.6
und rieben sie ununterbrochen aneinander, wie in
freudiger Erwartung eines großen Streites, der aber
für sie günstig ausfallen mußte.
Los otros dos se llevaban las manos a la espalda y se las
frotaban sin cesar, como en alegre anticipación de una gran
disputa que, sin embargo, debía resultar favorable para
ellos.

»Ich meine es genau so, wie ich es sage«, antwortete 10.7
Herr Samsa und ging in einer Linie mit seinen zwei
Begleiterinnen auf den Zimmerherrn zu.
"Quiero decir exactamente lo que digo", replicó el señor
Samsa, y caminó en fila con sus dos compañeros hacia el
dueño de la sala.

Dieser stand zuerst still da und sah zu Boden, als 10.8
ob sich die Dinge in seinem Kopf zu einer neuen
Ordnung zusammenstellten.
Éste se quedó inmóvil al principio y miró al suelo como si
las cosas se estuvieran reorganizando en su cabeza.

10.9 »Dann gehen wir also«, sagte er dann und sah zu Herrn Samsa auf, als verlange er in einer plötzlich ihn überkommenden Demut sogar für diesen Entschluß eine neue Genehmigung.

"Entonces, vamos", dijo entonces, mirando al señor Samsa como si, en una repentina humildad que le invadió, exigiera una nueva autorización incluso para esta decisión.

10.10 Herr Samsa nickte ihm bloß mehrmals kurz mit großen Augen zu.

El señor Samsa se limitó a asentirle varias veces con los ojos muy abiertos.

10.11 Daraufhin ging der Herr tatsächlich sofort mit langen Schritten ins Vorzimmer;

En efecto, el caballero se dirigió inmediatamente a grandes zancadas a la antesala;

10.12 seine beiden Freunde hatten schon ein Weilchen lang mit ganz ruhigen Händen aufgehorcht und hüpften ihm jetzt geradezu nach, wie in Angst, Herr Samsa könnte vor ihnen ins Vorzimmer eintreten und die Verbindung mit ihrem Führer stören.

sus dos amigos habían estado escuchando durante un rato con manos muy firmes, y ahora casi saltaban tras él, como si temieran que el señor Samsa pudiera entrar en la antesala antes que ellos y perturbar la conexión con su líder.

10.13 Im Vorzimmer nahmen alle drei die Hüte vom Kleiderrechen, zogen ihre Stöcke aus dem Stockbehälter, verbeugten sich stumm und verließen die Wohnung.

En la antesala, los tres cogieron sus sombreros del perchero, sacaron sus bastones del porta bastones, se inclinaron en silencio y abandonaron el piso.

In einem, wie sich zeigte, gänzlich unbegründeten 10.14
Mißtrauen trat Herr Samsa mit den zwei Frauen auf
den Vorplatz hinaus;

En lo que resultó ser una desconfianza completamente
infundada, el señor Samsa salió al patio delantero con las
dos mujeres;

an das Geländer gelehnt, sahen sie zu, wie die 10.15
drei Herren zwar langsam, aber ständig die lange
Treppe hinunterstiegen, in jedem Stockwerk in
einer bestimmten Biegung des Treppenhauses
verschwanden und nach ein paar Augenblicken
wieder hervorkamen;

apoyadas en la barandilla, observaron cómo los tres
caballeros descendían lenta pero constantemente por la
larga escalera, desapareciendo en cada piso en un recodo
particular del hueco de la escalera y emergiendo de nuevo
al cabo de unos instantes;

je tiefer sie gelangten, desto mehr verlor sich 10.16
das Interesse der Familie Samsa für sie, und als
ihnen entgegen und dann hoch über sie hinweg
ein Fleischergeselle mit der Trage auf dem Kopf in
stolzer Haltung heraufstieg, verließ bald Herr Samsa
mit den Frauen das Geländer, und alle kehrten, wie
erleichtert, in ihre Wohnung zurück.

Cuanto más bajaban, más perdía interés por ellos la familia
Samsa, y cuando un jornalero carnicero con una camilla
en la cabeza ascendió orgulloso hacia ellos y luego muy
por encima, el señor Samsa no tardó en abandonar la
barandilla con las mujeres, y todos regresaron a su piso,
como aliviados.

Kapitel 19

Capítulo 19

1.1 Sie beschlossen, den heutigen Tag zum Ausruhen und Spazierengehen zu verwenden;

Decidieron aprovechar el día para descansar y dar un paseo;

1.2 sie hatten diese Arbeitsunterbrechung nicht nur verdient,

no sólo se habían ganado esta pausa en el trabajo,

1.3 sie brauchten sie sogar unbedingt.

sino que realmente la necesitaban.

1.4 Und so setzten sie sich zum Tisch und schrieben drei Entschuldigungsbriefe, Herr Samsa an seine Direktion, Frau Samsa an ihren Auftraggeber, und Grete an ihren Prinzipal.

Así que se sentaron a la mesa y escribieron tres cartas de disculpa: el señor Samsa a su jefe, la señora Samsa a su patrón y Grete a su director.

1.5 Während des Schreibens kam die Bedienerin herein, um zu sagen, daß sie fortgehe, denn ihre Morgenarbeit war beendet.

Mientras escribían, entró la criada para decir que se marchaba, pues su trabajo de la mañana había terminado.

Die drei Schreibenden nickten zuerst bloß, ohne aufzuschauen, erst als die Bedienerin sich immer noch nicht entfernen wollte, sah man ärgerlich auf. 1.6

Al principio, los tres empleados se limitaron a asentir sin levantar la vista, y sólo cuando la criada siguió negándose a marcharse levantaron la vista, molestos.

»Nun?« fragte Herr Samsa. 1.7

"¿Y bien?" preguntó el señor Samsa.

Die Bedienerin stand lächelnd in der Tür, als habe sie der Familie ein großes Glück zu melden, werde es aber nur dann tun, wenn sie gründlich ausgefragt werde. 1.8

La criada permanecía sonriente en el umbral de la puerta, como si tuviera una gran suerte que comunicar a la familia, pero sólo lo haría si la interrogaban a fondo.

Die fast aufrechte kleine Straußfeder auf ihrem Hut, über die sich Herr Samsa schon während ihrer ganzen Dienstzeit ärgerte, schwankte leicht nach allen Richtungen. 1.9

La pequeña pluma de avestruz casi erguida de su sombrero, que había molestado al señor Samsa durante todo su servicio, se balanceaba ligeramente en todas direcciones.

»Also was wollen Sie eigentlich?« 1.10

"Entonces, ¿qué es lo que quiere en realidad?"

fragte Frau Samsa, 1.11

preguntó la señora Samsa,

vor welcher die Bedienerin noch am meisten Respekt hatte. 1.12

por quien la camarera sentía el mayor de los respetos.

1.13 »Ja«, antwortete die Bedienerin und konnte vor
freundlichem Lachen nicht gleich weiter reden,
"Sí", respondió la camarera, incapaz de continuar con su
risa amistosa,

1.14 »also darüber, wie das Zeug von nebenan
weggeschafft werden soll, müssen Sie sich keine
Sorge machen.
"para que no tenga que preocuparse de cómo se van a llevar
las cosas de al lado.

1.15 Es ist schon in Ordnung.«
No pasa nada."

1.16 Frau Samsa und Grete beugten sich zu ihren Briefen
nieder, als wollten sie weiterschreiben;
La señora Samsa y Grete se inclinaron sobre sus cartas
como si quisieran seguir escribiendo;

1.17 Herr Samsa, welcher merkte, daß die Bedienerin nun
alles ausführlich zu beschreiben anfangen wollte,
wehrte dies mit ausgestreckter Hand entschieden ab.
el señor Samsa, que se dio cuenta de que la criada quería
empezar a describirlo todo con detalle, lo rechazó
resueltamente con la mano extendida.

1.18 Da sie aber nicht erzählen durfte, erinnerte sie sich
an die große Eile, die sie hatte, rief offenbar beleidigt:
Pero como no le estaba permitido contarlo, se acordó de la
gran prisa que tenía, gritó, aparentemente ofendido:

1.19 »Adjes allseits«, drehte sich wild um und verließ
unter fürchterlichem Türezuschlagen die Wohnung.
"Adjes allseits", se dio la vuelta salvajemente y salió del
piso, dando un terrible portazo.

»Abends wird sie entlassen«, sagte Herr Samsa, 2.1
bekam aber weder von seiner Frau, noch von seiner
Tochter eine Antwort, denn die Bedienerin schien
ihre kaum gewonnene Ruhe wieder gestört zu haben.
"La soltarán por la noche", dijo el señor Samsa, pero no
recibió respuesta ni de su mujer ni de su hija, pues el criado
parecía haber perturbado de nuevo su paz apenas ganada.

Sie erhoben sich, gingen zum Fenster und blieben 2.2
dort, sich umschlungen haltend.
Se levantaron, se asomaron a la ventana y permanecieron
allí, abrazados.

Herr Samsa drehte sich in seinem Sessel nach ihnen 2.3
um und beobachtete sie still ein Weilchen.
El señor Samsa se volvió en su sillón y las observó en
silencio durante un rato.

Dann rief er: »Also kommt doch her. 2.4
Luego gritó: "Venid aquí.

Laßt schon endlich die alten Sachen. 2.5
Dejad por fin las cosas viejas.

Und nehmt auch ein wenig Rücksicht auf mich.« 2.6
Y mostradme un poco de consideración."

Gleich folgten ihm die Frauen, eilten zu ihm, 2.7
liebkosten ihn und beendeten rasch ihre Briefe.
Las mujeres le siguieron inmediatamente, se abalanzaron
sobre él, le acariciaron y terminaron rápidamente sus
cartas.

3.1 Dann verließen alle drei gemeinschaftlich die Wohnung, was sie schon seit Monaten nicht getan hatten, und fuhren mit der Elektrischen ins Freie vor die Stadt.

Entonces los tres salieron juntos del piso, cosa que no hacían desde hacía meses, y cogieron el coche eléctrico para salir de la ciudad.

3.2 Der Wagen, in dem sie allein saßen, war ganz von warmer Sonne durchschienen.

El coche, en el que se sentaron solos, estaba bañado por un cálido sol.

3.3 Sie besprachen, bequem auf ihren Sitzen zurückgelehnt, die Aussichten für die Zukunft, und es fand sich, daß diese bei näherer Betrachtung durchaus nicht schlecht waren, denn aller drei Anstellungen waren, worüber sie einander eigentlich noch gar nicht ausgefragt hatten, überaus günstig und besonders für später vielversprechend.

Recostados cómodamente en sus asientos, hablaron de las perspectivas de futuro, y resultó que, bien mirado, no eran nada malas, ya que los tres trabajos eran muy favorables y especialmente prometedores para más adelante, aunque en realidad no se habían preguntado el uno al otro por ellos.

3.4 Die größte augenblickliche Besserung der Lage mußte sich natürlich leicht durch einen Wohnungswechsel ergeben;

Por supuesto, la mayor mejora inmediata de la situación iba a venir fácilmente de un cambio de residencia;

sie wollten nun eine kleinere und billigere, aber besser gelegene und überhaupt praktischere Wohnung nehmen, als es die jetzige, noch von Gregor ausgesuchte war.   3.5

ahora querían coger un piso más pequeño y barato, pero mejor situado y en general más práctico que el actual, que Gregor aún había elegido.

Während sie sich so unterhielten, fiel es Herrn und Frau Samsa im Anblick ihrer immer lebhafter werdenden Tochter fast gleichzeitig ein, wie sie in der letzten Zeit trotz aller Plage, die ihre Wangen bleich gemacht hatte, zu einem schönen und üppigen Mädchen aufgeblüht war.   3.6

Mientras hablaban así, el señor y la señora Samsa recordaron casi simultáneamente, al mirar a su hija cada vez más animada, cómo había florecido recientemente hasta convertirse en una muchacha hermosa y voluptuosa, a pesar de todos los dolores que habían hecho palidecer sus mejillas.

Stiller werdend und fast unbewußt durch Blicke sich verständigend, dachten sie daran, daß es nun Zeit sein werde, auch einen braven Mann für sie zu suchen.   3.7

Volviéndose más tranquilos y comunicándose casi inconscientemente a través de las miradas, pensaron que ahora también sería el momento de buscar un buen hombre para ella.

Und es war ihnen wie eine Bestätigung ihrer neuen Träume und guten Absichten, als am Ziele ihrer Fahrt die Tochter als erste sich erhob und ihren jungen Körper dehnte.   3.8

Y fue como una confirmación de sus nuevos sueños y buenas intenciones cuando, al final de su viaje, su hija fue la primera en levantarse y estirar su joven cuerpo.

Möwenstein Books

www.mowenstein.com

Renowned Authors

H. G. Wells · Ernest Hemingway
H. P. Lovecraft · Lewis Carroll
Franz Kafka · Friedrich Nietzsche
Albert Einstein · Oscar Wilde
Hans Christian Andersen

Notable Works

Frankenstein · Alice in Wonderland
Heart of Darkness · The Great Gatsby
Siddhartha · The Metamorphosis
Thus Spoke Zarathustra

Translation Services

We offer translation services in various languages, including German, Spanish, Chinese, Korean, Arabic, and more. For custom translations or revisions, please contact us at:

Email: translation@mowenstein.com

Our Collections

Franz Kafka Collection

- The Metamorphosis / Die Verwandlung
- The Trial / Der Prozess
- The Castle / Das Schloss
- and many more...

Pakt mit dem Teufel

- Faust Parts I & II by Johann Wolfgang von Goethe
- Doctor Faustus by Christopher Marlowe

Portraits of Irishmen

- The Picture of Dorian Gray by Oscar Wilde
- A Portrait of the Artist as a Young Man by James Joyce

Children's Classics

- Winnie-the-Pooh / Pu der Bär
- Brothers Grimm Fairy Tales
- Fairy Tales Told for Children
  - Author: Hans Christian Andersen

Visit Us

At Möwenstein Books, we are committed to providing high-quality bilingual editions of classic works. Explore our collections and discover more titles across various genres and languages.

Website: www.mowenstein.com